Tales of the Silk Roads

刘迎胜 著

全 国 百 佳 图 书 出 版 单 位

时代出版传媒股份有限公司

安徽人民出版社

图书在版编目(CIP)数据

话说丝绸之路/刘迎胜著.—合肥:安徽人民出版社,2016.10

ISBN 978－7－212－08661－9

Ⅰ.①话…　Ⅱ.①刘…　Ⅲ①丝绸之路–通俗读物　Ⅳ.①K928.6－49

中国版本图书馆 CIP 数据核字(2016)第 077070 号

话说丝绸之路

HUASHUO SICHOU ZHI LU

刘迎胜　著

出 版 人:朱寒冬

责任编辑:刘　哲　陈　娟　刘　超

责任印制:董　亮

装帧设计:宋文岚　陈　爽

出版发行:时代出版传媒股份有限公司 http://www.press-mart.com

　　　　　安徽人民出版社 http://www.ahpeople.com

地　　　址:合肥市政务文化新区翡翠路 1118 号出版传媒广场八楼　邮编:230071

电　　　话:0551－63533258　0551－63533292(传真)

制　　　版:合肥市中旭制版有限责任公司

印　　　刷:合肥华云印务有限公司

开本:787mm×1092mm　1/8　　印张:27　　字数:225 千

版次:2016 年 10 月第 1 版　　　　2016 年 10 月第 1 次印刷

ISBN 978－7－212－08661－9　　　　定价:280.00 元

目 录

 ## 陆上丝绸之路

海上丝绸之路

引　言

　　丝绸之路起源于各人类文明中心之间的互相吸引。

　　长期以来，中国一直是东亚文明的代表，而其中心区在辽河上游与黄河、淮河与长江中下游流域，及其北方毗邻的草原地区。

　　与欧亚非三大陆（即旧大陆）各民族普遍经历了青铜时代与铁器时代不同，南北美洲的土著印第安人因为长期与世界其他地区隔绝，虽然也创造了灿烂的古代文明，但在大航海时代以前，尚无金属工具。这最清楚不过地说明了文明的发展，除了其内在自生动力以外，相互间的交流也是非常重要的条件。

　　旧大陆是人类文明的发祥地与摇篮。除了中国以外，公元前三四千纪，在旧大陆的不同地点还分别独立地发展起几个文明中心，从西向东列数，即北非尼罗河中下游流域的古埃及文明，西亚伊拉克幼发拉底、底格里斯两河间美索不达米亚文明以及今巴基斯坦印度河中游的古文明。而中国与上述三个古文明中心之间却隔着高山、荒漠、巨川和大海。这就意味着，东亚文明从地理位置看，相对于其他三处文明中心而言，处于较为封闭的位置，相互间的交通较为不便。既然这样，丝绸之路又是怎样发展起来的呢？

　　首先，人类皆有追求新知的好奇心。远古人类的不同集团，在不同的社会条件下，形成不同的思想、思维方式与文化传统。古代东西方之间虽然交往困难，但毕竟通过种种直接与间接的渠道相互知晓，进而互相吸引。因此，可以说，丝绸之路起源于文明的差异性。

　　其次，是人类对更美好生活愿望的驱使。旧大陆各地人类在不同环境下，凭借自己的智慧，发展出不同的生产与生活方式。对于古代中国人民而言，将本土的产品运销远方，贩回遥远异域的产品，存在着必要性。因为：

　　一、随着人口的增长，中国东南沿海可耕地的不足成为农业发展的主要制约条件之一，地少人稠的矛盾越来越突出。因此出现了相当部分人口凭借濒海条件谋生的现象。而居于社会上层的统治者，通过维持朝贡体制，从周边民族直接取得优质产品和珍奇，且凭借对陆路内外交易关市、榷场的管控

以及对海路进出货物的抽分，获取巨额收入。在中国历史上南北分裂时期，退居于南方的政权，如宋、齐、梁、陈以及南宋，皆因丧失大片北方国土，税收锐减，不得不发展海外贸易，市舶收入因而成为国家财政的重要来源。

二、我国西部及其毗邻干旱区域，历史上的绿洲农耕业因面积与人口的限制，经济规模小，门类不齐全，因此当地人历来有外出经商，以至远行贸易的传统。

三、我国北部及其毗邻区，远离西太平洋季风带，纬度与海拔高，植被形态主要是草原与森林，游牧是主要的经济形式。游牧经济因其移动性，难以发展复杂程度高的科技与手工业，收获也不如定居农耕那样稳定可期，因此历史上亚洲北部游牧民对金属制品、手工业品和药品的需求，主要取自于邻近农耕区；而在发生暴风雪与旱灾的时候，农耕区的粮食是度荒的必需品。马匹历来为草原向中原的主要输出品。这种农产品与畜产品之间的交换，是历史上中原与北方草原关系的基础。

那么，古人是通过什么手段克服地理障碍的呢？

第一，中国文明所赖以生存与发展的东亚大陆，与文明中心之间并非无人的真空地带，而是星星点点地分布着许多部落、民族与国家，这些人类集团，一环接一环地联系着。所以中国与其他文明中心，与南亚及地中海世界是间接地联系着的。

第二，古代中国陆海交通条件的持续改善。首先是造船术的发展，使人类能建造适航性更高的船舶。中国率先发明的甲板与舱室结构，不但使海舶有更高的强度，而且从舱室结构发展起来的水密舱结构，使船舶在海上遇险的情况下，生存力大幅提高。舱室结构还提高了乘客远行途中的生活质量，有助于资本较小的商人从事贾贩，提升了海上运输的经济性。其次是导航术与海外地理知识的进步。古代海舶使用的导航术主要为天文、地文与磁罗盘导航。天文导航依赖的是日月星辰。地文导航是通过观察与记忆船行途中所经各地的地貌、标志物而确定船舶的位置与航向。这两种导航术对气候条件的依赖性均很高，也就是说在风雨的昼夜，危险性最高、最需要观测的时候，这两种方法均无法使用。据北宋时的《宣和奉使高丽图经》记载，至少北宋末中国的海舶中已经装备了磁罗盘。这一发明是古代中国人对世界航海术进步的一大贡献。

古代中国海外地理知识按获取来源，可分为直接与间接两类途径：直接是指这种知识是得自于海外归来的中国人，间接是指知识本身是从海外输入的。海外地理学的发展，大大开阔了古代中国人的视野。

第三，船舶操控性能的提高。

海路远航距离遥远，不可能靠人力划船而达。在蒸汽机与柴油机等人工动力发明之前，渡海远航主要依靠的是自然动力——季风。西太平洋、北印度洋地域，每年深秋至来年初春，盛行西北风，不但是中国海船从东南沿海扬帆前往东南亚开航的时节，也是船舶从红海、孟加拉国启程向南航行至印度南部的时候。每年暮春至初秋，是东南风起的时候，也是中国舟师从周边国家归回东南沿海，以及从印度北上孟加拉国、波斯湾与红海之时。

风帆是人类为利用风力航海而发明的。至少在秦汉时代，中国船舶上已经安置了帆。通过变动主帆与副帆的方向，可使船舶在侧风甚至逆风的情况下航行，使古人可依赖风力跨越大洋。舵是从桨发展而来的。舵与使帆技术的结合，提高了船舶在海上的操控性。

在火车、汽车等现代交通工具没有发明之前，亚洲北部游牧民驯化的马匹与沙漠绿洲地区居民驯化的骆驼，在长达两三千年的时间内，是人类陆路长途旅行的主要载畜。古代的中国人通过各种直接与间接的渠道，了解到在西方遥远的地方有灿烂的文化。所以尽管路途遥远，人类却不辞艰险，长途跋涉，沟通消息。欧亚草原上的游牧民族与内陆亚洲的绿洲定居民族，数千年来依仗奔驰的骏马与吃苦耐劳的骆驼，长期扮演着联系东西文明的中介人角色。

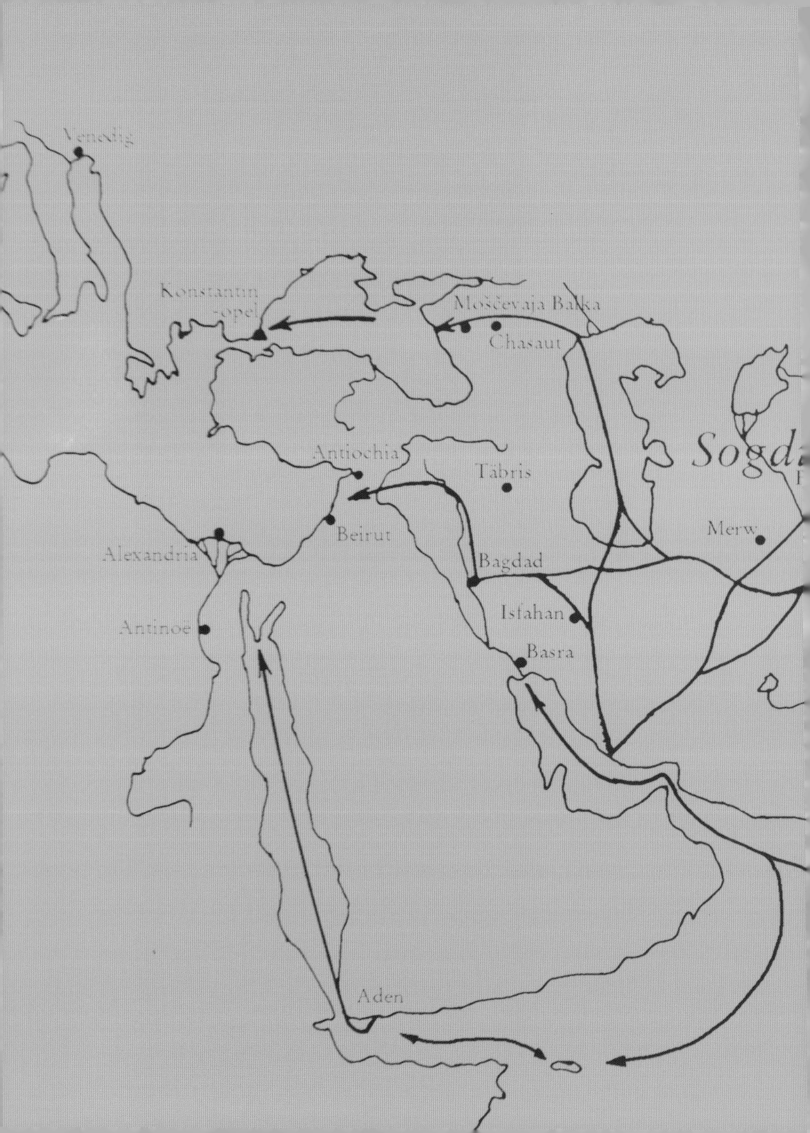

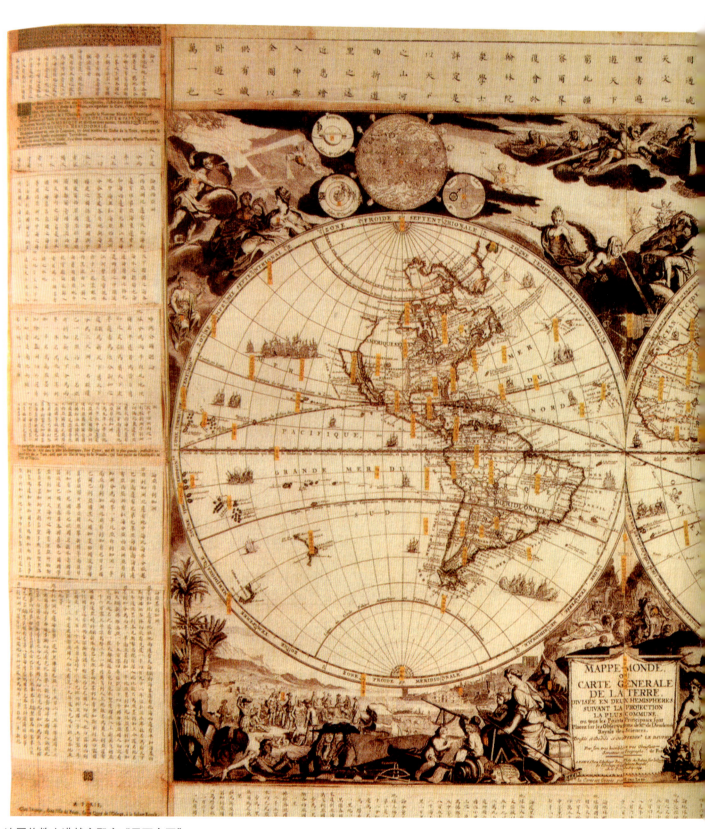

法国传教士进献康熙帝"天下全图"

交通路线篇

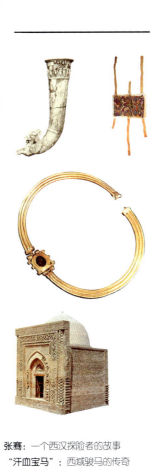

敦煌壁画中的张骞出使西域图

张骞：
>> 一个西汉探险者的故事

　　秦汉之际，中原战乱，匈奴崛起。汉朝建立后，经过100余年的休养生息，国力大为增强，准备解除北方威胁。汉武帝通过匈奴降人得知匈奴世仇月氏为匈奴所败后向西逃窜，决定派张骞到西域去联络月氏共击匈奴。

　　西汉建元三年（前138年）张骞率匈奴人甘父和100多名随从离开长安，但在河西地区为匈奴所获，被送到漠北单于庭。单于质问张骞："月氏与汉之间隔着匈奴，汉朝为什么要派使臣到那里？如果匈奴要派使臣到汉以南的南越，难道汉也会允许吗？"于是拘留了张骞，但未加虐待，还嫁女给他为妻生子，但张骞却不忘使命。10余年后，匈奴人的看管放松，张骞寻机逃脱，日夜兼程，到达大宛（今费尔干纳盆地）。大宛派人送他们到康居（阿姆河以北粟特之地），康居又把他们送到月氏。月氏人在大夏定居以后，满足于那里土地衍沃，物产丰富，虽然张骞尽力劝说他们与汉朝联合，但他们却不愿意东回再与匈奴为敌。张骞出使没有达到目的，只得回还。在归途中，经过今新疆南部时，再次被匈奴所俘，但又一次逃脱，最终回到长安。这次出使前后共14年。

土库曼斯坦旧尼撒遗址出土的"来通"杯

青铜塞种武士，公元前5—
前4世纪，新疆伊犁巩乃斯
河南岸出土，新疆博物馆藏

哈萨克斯坦出土的塞王金装

　　张骞虽然没有能说服月氏与汉结盟，但却第一次给中原人带来了西域地区的可靠消息。公元前119年，汉武帝派张骞再次出使西域。汉朝非常重视这次出使，使团共配有300人，每人两匹乘骑，携牛羊数以万计，并带大量钱币、丝绸。张骞本人直接到乌孙，他派出若干副使分别前往康居、大宛、大月氏。

　　张骞再次出使的目的是劝说乌孙迁回河西故地，与汉朝共同对付匈奴。此时乌孙首领猎骄靡已年迈，不能控制部落，而各首领也不愿再回河西故地。不过乌孙最后同意派出使臣随同张骞回汉，向汉朝进献乌孙马。

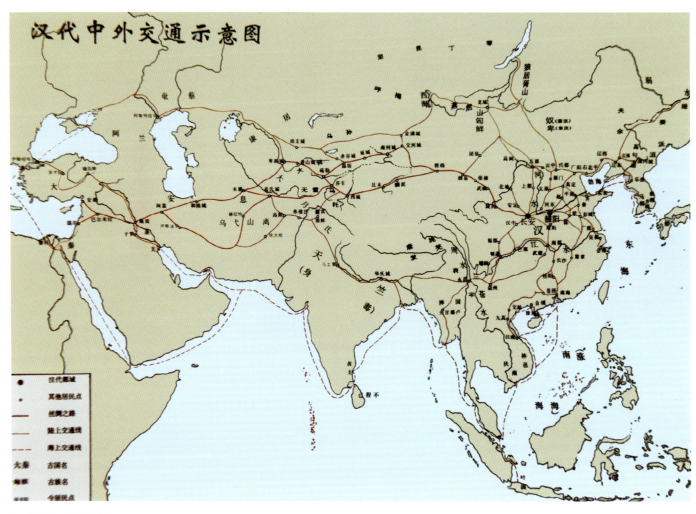

汉代中外交通示意图

在冷兵器作战时代，马匹是军队机动的主要手段。中原地区自古以来惯用蒙古马，这种马虽然吃苦耐劳，但体格矮小，奔跑速度不快。中亚的马是世界闻名的良种马，高大俊美、速度快、耐力好。乌孙马在汉朝大受欢迎，被称为"天马"。后来更为优良的大宛马输入后，乌孙马被改称为"西极马"。从这个时代起，中亚与中原之间的"丝马贸易关系"就正式建立了。张骞派往康居等地的副使后来引导诸国使节也陆续回到汉地，使中原与西域的关系空前地密切起来。

张骞是中国历史上伟大的探险者。他出使以后，西域与中原建立了密切的联系，西域历史从此成为中国历史的一部分，中亚草原成为连接中国与西方文明的桥梁。如果说公元前6世纪波斯帝国的建立使从地中海到中亚的商路贯通，马其顿亚历山大的东征使这条商路延伸到欧洲大陆的话，那么月氏、乌孙的西迁和张骞的出使又使这条交通线向东伸及中原。到这时我们可以说丝绸之路已经全线贯通了。

"汗血宝马":
》》西域骏马的传奇

　　大宛是汉代对与我国新疆喀什地区为邻的费尔干纳 (Ferghana) 盆地的称呼，面积不大，约 2 万平方公里，今分属乌兹别克斯坦、塔吉克斯坦与吉尔吉斯斯坦三国。这里土地衍沃，适于农业，自古以来便是人烟稠密之地。在汉代已有属邑大小 70 余城，住户 6 万，人口数十万。张骞出使月氏时曾路过，其地北邻康居，西距月氏，西南接大夏，东北为乌孙。

　　大宛与中原虽然距离遥远，但早知道汉朝富庶，想与汉朝联系，苦于不得其径。听说张骞来，大宛王十分惊喜，问张骞要去哪里。张骞说明自己是汉出使月氏的使臣，请大宛派人送他到月氏，并许诺回汉地后，汉朝会以大量的钱物酬谢大宛。大宛王答应了张骞的请求，派出翻译把他送到康居（今乌兹别克斯坦泽拉夫善河流域），康居又把他们送到月氏。

汗血宝马

　　大宛最有名的物产是骏马。费尔干纳的马体形高大，速度耐力兼备，善于长途奔跑，是极为优良的战马。汉使看到这种马流出的汗水中有血，感到奇怪，便称之为"汗血马"，说它是天马的后代。汉朝的郊祀歌在描写天马时说它"霑赤汗，沫流赭"。后来"汗血马"或"天马"成为西域良马的代称。"汗血马"的后代今集中繁衍在土库曼斯坦。现代学者发现，这种马身上常有一种寄生虫，叮咬后流出的血与马匹运动后的汗融混呈赤色，并认为这就是"汗血马"名称的来历。

张骞归国以后，汉朝每年派出许多使臣到西域各国。不少使臣到过或途中路过大宛，打听到大宛良马的消息。他们回到汉地后向武帝报告说，大宛把其良马藏匿于其都贰师城，不愿汉使见到。

武帝听说大宛出良马，便派使者车令携千金和金马到大宛，希望与大宛交换马匹，但未获准。车令因使命未达，怒而失态，打碎金马，拂袖而去。大宛国君认为汉使轻视他，令其东境的郁成王拦截汉使而杀之，并掠取汉使财物。消息传至长安，武帝大怒，遂命宠姬李氏之弟李广利为将军，率兵数万讨伐大宛。武帝要求李广利攻取贰师城，夺取大宛宝马，授予李广利"贰师将军"的称号。

李广利大军进入西域后，当道绿洲诸小国皆闭城坚守，不肯供应食粮。汉军遂一路强攻，城陷者被迫提供军粮，攻不下时则撤围而去。艰难的行军使汉军大量减员。至大宛东界郁成时，只剩士卒数千人，皆疲惫不堪。李广利以疲弱之师攻郁成不克，死伤惨重，自思难以取胜，只得引军撤回。往来计时两年，至敦煌时所剩士卒不过出发时的 10％～20％。李广利上书汉武帝，陈言出征的经历，说明因饥饿减员，致使兵力不足以胜敌，要求先批准罢兵，准备再次征讨。

武帝闻李广利败回大怒，下令关闭玉门关，不许败军回还。考虑到如不能战胜大宛这样的小国，不但得不到宝马，而且会遭大夏等国的轻视，西域诸国也会刁难汉使，武帝因此决定再次出兵讨伐。此次汉出兵 6 万余人，负私粮及私从者不计在内，征发牛 10 万头、战马 3 万匹，驴、驼等畜万余头。汉第二批征西大军荡荡出动，西域诸国深感惊恐，皆主动提供军食，只有轮台（今库尔勒之西的布古尔 Bögör）闭门拒守，汉军围城数日方克。李广利大军继进，抵大宛东境，击败守军，绕过郁成，抵

楼兰王国衙署"三间房"遗址

大宛国都城下。按预定的方案，先绝其水源，围城 40 余日而不撤。大宛军心动摇，一些贵族经过密谋杀死了宛王毋寡，试图与汉约和。此时汉军已破其外城，俘获大宛勇将煎靡。残余宛军退入禁城，遣使持其王毋寡首级请降，要求汉军停止攻城，并称愿献出良马，向汉军提供粮食。使臣还表示，如果汉军不停止攻城，他们就杀尽良马，等待康居的救兵，与汉军死战到底。而当时康居救兵已近，只是慑于汉军势大而未敢轻进。李广利得知大宛城中有来自中原的人帮助凿井，水源问题已经解决，况城中储粮甚足，汉军不利持久，乃同意大宛方面的请求。选取了上等良马数十匹，中等以下的雌雄马 3000 余匹，并从贵族中选择较为亲汉的昧蔡立为宛王，汉与之立盟而归，最终未能进入大宛的禁城。

大宛的征服和乌孙的归附使汉朝获得了优良的马种"西极马"和"天马"，武帝因之赋《西极天马歌》以示庆贺，诗曰：

天马徕兮从西极，经万里兮归有德，

承灵威兮障外国，涉流沙兮四夷服。

汉朝远征大宛使西域与内地的关系空前密切起来。"汗血马"的引进改良了中国的马种。考古学家们发现，汉代以后，中国战马俑的造型与汉以前明显不同。汉人还从大宛引进了优良的饲草苜蓿以及葡萄。而宛人亦在汉军攻打其都城时，从中原流民处学得凿井术。[1]

---

1 参见《史记·大宛传》《汉书·李广利传》。

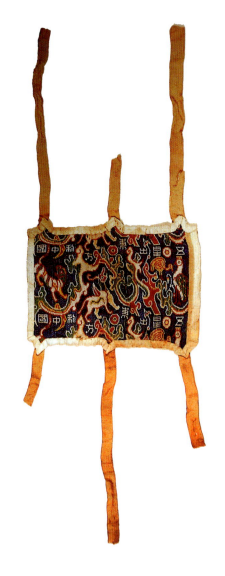

尼雅古墓出土的"五星出东方利中国"锦护膊

800年：
草原丝路的贯通

　　欧亚草原从大兴安岭一直延伸到黑海之滨。这里纬度相对较高，自然降水少，不适于发展种植农业。虽有山岭，但不足以成为游牧民往来迁移的障碍。游牧民顺应环境，兼以狩猎、畜牧和采集，把捕获的野生食草动物驯化成家畜，逐水草而居，依四时转移草场。饲养的牲畜以牛、羊、马、驼为主。

　　如同汉族与蒙古高原游牧民之间的相互依存与对抗一样，欧亚草原的游牧民与相邻的沙漠绿洲居民之间也有着天然的依存与对立关系。绿洲定居民族御冬需要毛皮和毛织品，饮食需要牛羊肉乳，军旅需要战马；而游牧民为稳定生计需要粮食、纺织品和其他手工业产品。绿洲居民和游牧民常常把取得的对方的货物通过自己的运销渠道交换给其他民族，他们都是东西方物质文化交流的中间人。

转场中的牧民

蒙古草原

费尔干纳出土的公元前 6—前 4 世纪塞种金饰

　　蒙古高原的游牧民族传统上一直以牲畜、皮毛与中原人民交换农产品和手工业品，其上层贵族对中原的奢侈品需求也很迫切。从战国时期以来，匈奴人就重视与中原人民互通关市。即使在中原政权与匈奴失和、双方处于战争的情况下，匈奴人仍然愿意互通关市。

　　蒙古学者在对漠北的匈奴墓葬的发掘中，出土了大量中原器物，有铁器、铜器、陶器、木器、漆器、石器、工具、马具、黄金、服饰及丝织品等，既包括日常生活用器，也包括生产用具，说明汉朝与匈奴的物质交换数量很大，极为频繁。匈奴人自己也有铸造铜器的能力，但需要从中原输入杂铜和矿石。

　　秦汉时代在西域历史上扮演重要角色的游牧人是月氏，又称为月支或大月氏。这个民族在《史记》《汉书》中未专门立传。但《史记》的《乌孙传》《大宛传》《张骞传》等传中保存了月氏早期历史的一些资料。月氏"随畜移徙，与匈奴同俗"[1]。月氏西迁后在中亚建立贵霜王朝，但我国史籍有时仍按习惯称之为月氏。西汉初年中原有关月氏的消息来源于匈奴，武帝以后，有关这个民族的准确消息主要来自张骞出使西域归来后的报告。

----

1 《史记·大宛列传》。

蒙古美食

月氏是第一个见诸我国古代史乘，由我国向西迁出，建国于遥远西方的民族。月氏原居于河西，后为匈奴所败，种类分散，其大部被迫逃至今伊犁河、楚河流域，打败了原居于当地的塞种人，迫使"塞王远遁"，留下的塞种部众成为月氏人的臣仆。公元前174至公元前161年间，匈奴协助乌孙西击月氏，杀其王。月氏只得循塞人足迹再度西迁，越天山和帕米尔西部，至妫水（Oxus，即阿姆河，今塔吉克斯坦、乌兹别克斯坦、土库曼斯坦与阿富汗之间的界河）流域，征服了当地的大夏人，最终定居下来。

约在公元前95年至公元前70年间，月氏分为五"部"，每部皆由一名"翕侯"（Yavugasa）率领。根据《后汉书·西域传》记载，约在公元50年前后，五翕侯之一贵霜翕侯丘就却的势力强大起来，并其他四部，自立为王。我国史籍中月氏/月支、贵霜两个名称并用。贵霜最盛时疆域北达咸海、康居，南抵恒河，东越葱岭，到达我国新疆南部，是当时的西域强国，后来在佛教东传我国的过程中起了极为重要的作用。

昭君墓

吉尔吉斯传统民间毡毯

乌孙是汉代连接东西方草原交通的最重要民族之一，原先也游牧于敦煌、祁连之间，与月氏为邻，那时比较弱小，常受月氏的压迫，其首领被称为"昆莫"或"昆弥"。现在所知最早的乌孙王被称为"难兜靡"。据《汉书·张骞传》记载，约汉文帝前元三年（前177年），乌孙败于月氏，难兜靡被杀。[1] 其子猎骄靡尚在幼年，傅父布就翎侯抱而出逃，为求食，将猎骄靡置于草中，归而见狼乳之，又见乌鸦衔肉于其侧，以为神异，携归匈奴，冒顿单于亦以为神异，收养之。据《汉书》记载，匈奴收乌孙

事在文帝四年（前176年）。

猎骄靡长成后，单于归之于乌孙部民，使成为昆莫。为报父仇，猎骄靡与匈奴相约合攻西迁今伊犁河流域的月氏。月氏人不能敌，被迫继续西迁。乌孙迅速强大起来，有"控弦之士"数万，占据了原为月氏人所有的今伊犁河、楚河地区，其时约为公元前125年，实力大增，不再臣服于匈奴。据史料记载，乌孙有户口12万、人口63万、军队18万，都城在赤谷，后来汉朝使臣与西域都护常至此地。

张骞第一次出使西域归国后，向汉武帝介绍了乌孙。元狩四年（前119年）汉武帝第二次派张骞出使西域，希望与乌孙结盟，共同打击匈奴。乌孙

---

1 据《史记·大宛列传》的说法，难兜靡为匈奴所攻杀。

知匈奴强大，但对汉朝实力不知底细，不敢贸然应允。汉元鼎元年（前116年）乌孙的使臣与张骞一起来到汉地，看到汉朝国土辽阔，国力强盛，富庶无比，归国后报告给猎骄靡，使乌孙对汉朝的态度发生了变化。

匈奴得知乌孙与汉相通，怒而发兵攻乌孙。猎骄靡以千匹骏马为聘礼，遣使要求与汉联姻。汉武帝于元封三年左右（前108年）以江都王刘建的女儿细君为公主（又称江都公主），下嫁乌孙猎骄靡为右夫人，与昆莫约为兄弟。猎骄靡死后，其孙军须靡继立，与细君公主生下一女名少夫。细君死后，汉朝又以楚王刘戊的孙女解忧为公主，再次下嫁给军须靡。军须靡死后，其叔父翁归靡继位，号为肥王。解忧公主按乌孙习俗，又嫁给肥王，生有三男二女，均成为乌孙国内有影响的贵族。长子曰元贵靡。次子名万年，后任莎车王。第三子曰大乐，后为左大将。长女弟史长成后为龟兹王绛宾之妻。次女素光嫁乌孙贵族若呼翕侯为妻。解忧公主带去的一名侍女名冯燎，后来嫁与乌孙右大将为妻，号为冯夫人。冯夫人曾受解忧公主派遣，代表解忧公主持节到西域各地行赏活动，受到人们的尊敬。

汉昭帝末年（前74年），匈奴发兵入侵乌孙。解忧公主与乌孙王翁归靡昆莫连续上书，向汉求援。汉宣帝出动15万军队，分兵5路进攻匈奴，并派校尉常惠赴乌孙监领乌孙军，与汉军协同作战，获大胜。战后，汉正式设立了管辖西北广大地区的军事行政机构——西域都护府。

吉尔吉斯传统民间首饰

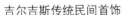

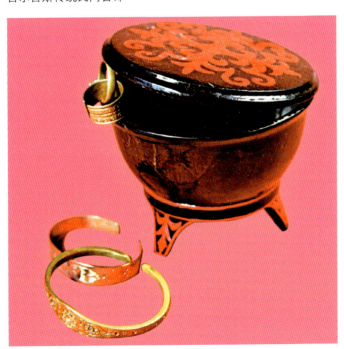

阿勒泰市唐代汗德尕特石人，新疆考古所藏　　新疆昭苏县 1 号唐代突厥石人，存于昭苏喇嘛庙

　　乌孙后来发生内乱，汉政府委派冯夫人为使到赤谷城，分乌孙为大小两部。汉立解忧公主与翁归靡之子元贵靡为大昆弥，率众 6 万户，而小昆弥领户 4 万，均接受汉朝统治。此后乌孙一直由大小两位昆弥统治。大昆弥之位在解忧公主的子孙中传袭。解忧公主和冯夫人在中亚草原上生根立业，为维护祖国内地人民与西北边疆人民的友好关系做出了重要贡献，她们是草原丝绸之路历史上值得人们怀念的杰出女性。

　　魏晋以后，先后统治蒙古高原与欧亚草原的是铁勒与突厥。突厥在隋代分为东西二部。东突厥于贞观四年（630 年）为唐所灭，漠北各族首领纷纷入朝，尊奉唐太宗为"天可汗"。代东突厥而起的薛延陀汗国，于贞观二十年（646 年）为唐朝所灭，唐太宗在漠北铁勒各部设置羁縻府州，以各部首领领之，并设燕然都护府总领。不久又根据各部的请求，开辟"参天可汗道"，设 68 所驿传，使之成为漠北与中原往来的主要通道。

　　唐初西突厥射匮可汗及其弟统叶护可汗在位时期，征服了据有今准格尔盆地的薛延陀，拓地东北至金山，东南抵玉门关，西南至兴都库什山，并越阿姆河，据有吐火罗之地。其可汗营帐常在今新疆天山以北伊犁河上游的裕勒都斯谷地，及其以西的碎叶、怛罗斯和千泉。

贞观二年（628年）冬西突厥统叶护可汗在内乱中死去，西突厥再分裂为二，各择贵族立为可汗，互相攻伐。唐太宗利用西突厥衰落的时机向西域伸展势力，于贞观四年（630年）占有西域的门户伊吾（今新疆哈密）。在30年中，西突厥全境为唐占领。

隋、唐时代中国的繁荣吸引了周边许多国家。隋、唐帝国辽阔的疆域使中原与西北边疆地区的联系变得空前密切。唐政府在漠北、西域设置州府后，开辟了漠北、天山以北诸地的交通线。草原丝路成为连接北方游牧民族与中原人民的纽带和东西方交往的重要通道。

当时西域诸国胡商多至张掖交易，隋炀帝派黄门侍郎裴矩治理。裴矩是一位有心人，在河西"寻讨书传，访采胡人"，他把收集的资料整理成书，题曰《西域图记》，进献给隋炀帝。当时经常前来"朝贡"的西域国家有30余个。在长安、洛阳等内地城市的西域胡人也越来越多。隋政府在长安设置"四方馆"，接待四夷商使，并负责贸易之事。

《西域图记·序文》记载了隋代东西交往的三条主要交通线。第一条是"北道"，路线是：从伊吾启程，向西北过蒲类海（即今新疆巴里坤湖）附近的铁勒部落，复西北行经突厥可汗牙帐，再向西行，经叶尼塞河、鄂毕河等"北流河"，至西海（即地中海）沿岸的拂菻国（拜占庭帝国）。第二条是"中道"，从高昌启程，沿天山南麓的龟兹抵疏勒，越葱岭（今帕米尔高原）进入钹汗（今乌兹别克斯坦、塔吉克斯坦和吉尔吉斯斯坦三国交界处的费尔干纳盆地），西行进入粟特之地，越阿姆河进入波斯，最后到达西海（地中海）。第三条是"南道"，从敦煌西行，过阳关到鄯善，沿塔里木盆地南缘西行至于阗，度葱岭复西行经吐火罗，进入波斯后再西行便至西海。

在上述三条交通线中，第一条"北道"，就是欧亚草原和北亚游牧民族世代利用马匹，穿越蒙古草原、欧亚草原，沟通东西方的道路。而后两条即"中道"和"南道"，为传统的沙漠绿洲之路。

唐疆域的北境远逾蒙古高原，伸入北亚；向西扩及咸海以北草原，是空前盛大的王朝。这个时期出现了各种有关边疆民族与周边交通的著作，最重要的作者是贾耽。《新唐书·地理志》中著录的7条"入四夷之路"就是根据贾耽的著述汇集而成的，主要有：1.营州入安东道；2.登州海行入高丽、渤海道；3.夏州塞外通大同、云中道；4.中受降城入回鹘道；5.安西入回鹘道；6.安南入天竺道；7.广州通海夷道。在上述7条路线中第四条"中受降城入回鹘道"应当就是唐太宗时代开辟的北方游牧诸部君长的"参天可汗道"。

唐代，伸向欧亚草原的道路更为通达。从安西（今新疆库车）出发，一路西行，翻越拔达岭（今天山支脉），经原乌孙居地顿多城、热海（今吉尔吉斯斯坦伊塞克湖），越天山至碎叶川口，即今哈萨克斯坦、吉尔吉斯斯坦两国交界处楚河流域平原之东限，西行40公里至裴罗将军城，再西行10公里至大诗人李白的故乡碎叶城，再西行若干站至怛罗斯。

公元751年唐与大食在怛罗斯发生冲突，唐军战败。战后，大食人的势力逐渐深入中亚草原。大食地理学家们的著作中也记载了从大食经中亚草原前往东方的道路，这些穆斯林学者笔下的从西向东的路段，有些部分可与汉文史料所记逐站对应。

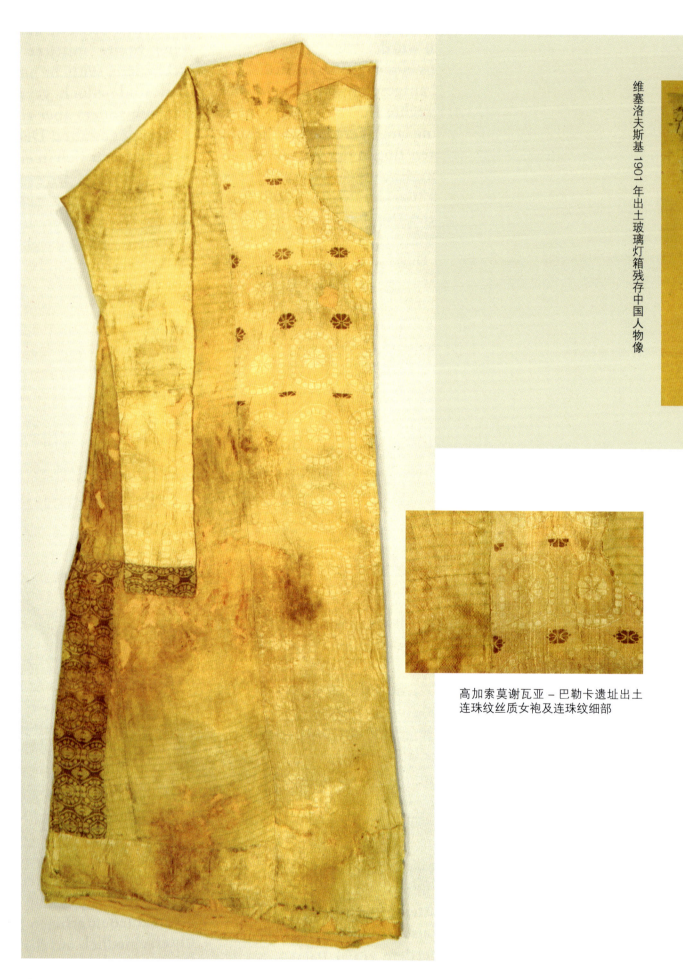

维塞洛夫斯基 1901 年出土玻璃灯箱残存中国人物像

高加索莫谢瓦亚－巴勒卡遗址出土
连珠纹丝质女袍及连珠纹细部

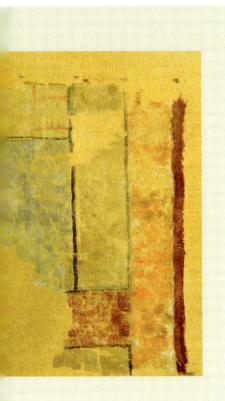

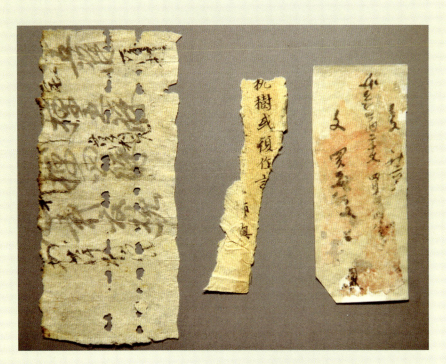

远赴高加索地区的中国商人所遗文书

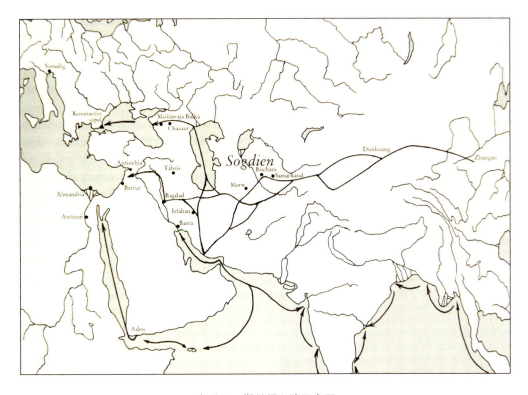

中世纪早期丝绸之路示意图

蒙元帝国：
≫ 东西方陆路交通的鼎盛时代

成吉思汗像

亚洲12—14世纪的历史，在世界史上被称为蒙古时代。成吉思汗及其子孙率领的蒙古铁骑横扫了几乎整个亚洲大陆和东欧。这一时期中外交往的历史也不可避免地被打上了时代的烙印。

"蒙古"最初只是唐末以后移居大漠南北操蒙古语诸部中一个部落的名字。成吉思汗1162年诞生于蒙古斡难河（今鄂嫩河）畔，其父也速该是蒙古部的贵族。当他出世时，也速该战胜了塔塔儿部，俘其首领铁木真兀格。为了纪念这次胜利，成吉思汗被取名为铁木真。12世纪的蒙古草原上除了蒙古部以外，还有几支实力强大的部落集团：克烈、篾儿乞、塔塔儿、乃蛮部等。

1203年，铁木真对克烈部发动突袭，击溃了王罕的主力。两年内，又引军西进，大败乃蛮部。1206年，铁木真在斡难河源之地召集贵族大会，上尊号曰"成吉思汗"，其国家称"也客·蒙古·兀鲁思"（Yeke Mongghol Ulus），即"大蒙古国"。在此之前，大漠南北诸部各有名号，蒙古只是其中一个部落的名称。大蒙古国建立后，受蒙古统治的诸部都成为蒙古的属部，采用蒙古作为他们的总名。一个统一的蒙古民族共同体出现在历史舞台上。

土库曼斯坦谋夫古城的萨珊时代克孜－卡拉城堡

土库曼斯坦谋夫遗址的算端桑贾尔陵墓

在成吉思汗崛起于蒙古高原的同时，原先处于西辽控制下的花剌子·模也开始兴起。1219 年，成吉思汗以花剌子·模边城讹打剌 (Otrar) 守将杀害蒙古商队和使臣为由，亲率大军西征，分兵四路进攻花剌子·模诸城。花剌子·模国势虽强，但立国时间不长，统治基础并不稳固，加上其统治集团在蒙古入侵时采取守势，无法抵敌机动性强的蒙古军。蒙古军进围撒麻耳干 (Samarqand) 时，花剌子·模沙（Šāh，意为王）摩诃末弃城逃亡，成吉思汗遣哲别 (Jebe)、速不台 (Sübe'etei) 追击。哲别、速不台的军队在抄掠波斯各地后，越太和岭（今高加索山）攻入钦察草原，1223 年在阿里吉河（今乌克兰日丹诺夫市北）战役中，战胜斡罗思诸王公与钦察汗的联军，掠夺斡罗思南部。继而向东攻破也的里河（今伏尔加河）上不里阿儿诸部后，东返蒙古。

1236 年，元太宗窝阔台征调诸王、驸马、贵戚长子率其属部组成远征军，对欧亚草原及东欧发动进攻，其统帅为成吉思汗长子后裔拔都与窝阔台之子·贵由。此征被称为"拔都西征"，或"长子西征"。西征军连续打败伏尔加河流域的不里阿儿与钦察人，追其残部直到里海，又连克高加索山区的阿速 (Asu) 诸堡，一直西进到多瑙河畔，攻克马札儿 (Majar，今匈牙利) 首都布达佩斯。

1251 年元宪宗蒙哥即位后，于次年组成一支大军，由其同母弟旭烈兀率领征讨尚未臣服的西域诸国。旭烈兀的大军长途跋涉抵波斯。当时，盘踞今伊朗马赞德兰 (Māzadarān) 诸山城的伊斯兰教亦思马因教 ('Ismā'il) 派，被其他伊斯兰教徒们称为"木剌夷"（Mulahidah），意为"异端者"；而立国已 500 余年的阿拉伯阿拔斯王朝（黑衣大食）已经衰落，其直辖地仅限于都城报达（今伊拉克首都巴格达）周围地区。旭烈兀于 1256 年消灭木剌夷国，并于 1258 年攻下报达。1259 年，西征军分兵三路入侵今叙利亚地区。汉地的各种火药武器在诸次战斗中发挥了很大威力。旭烈兀在西征结束后，一直留镇波斯，没有再回到东方。

在建立蒙元帝国的过程中，蒙古军随军事远征散布到亚洲各地。在今俄罗斯与乌克兰，成吉思汗长子拔都率领下的蒙古军，虽然始终保留了蒙古的名称"鞑靼"（Tatar），但逐渐与当地操突厥语的民族相融合，形成今天的鞑靼/塔塔儿族。其后裔月即别（Özbeg）率领下的蒙古人进入中亚，后来形成今乌兹别克斯坦主体民族乌兹别克人（Üzbekī）。成吉思汗次子察合台建立的察合台汗国的蒙古人，在中亚逐渐突厥化，但始终被称为莫卧尔人（Mughūl），即"蒙古人"的一种方言的读法。其中一部分在明代南下印度，建立了莫卧尔王朝。还有一部分人融入我国维吾尔族之中。

蒙古人征服了阿姆河以北富庶的土地以后，随军而来的汉、契丹、西夏人等，就成了他们最可信赖的帮手。镇守撒马尔罕城的是契丹人耶律阿海、耶律绵思哥父子。在耶律楚材的《河中府纪诗》中，数度言及一位驻守不花剌城的女真人蒲察元帅，其子为当地驻军的"将军"。波斯文《瓦撒夫史》亦多次提到一位"丞相大夫"，他与后来蒙哥朝执掌"阿姆河等处行尚书省"事务的花剌子模人麻速忽，共同统治撒马尔罕城。这位"丞相大夫"显然是一位来自汉地的官员。

希瓦清真大寺内部（11—19世纪）

察合台汗国脱鲁帖木儿汗麻札

　　除了出宦为官的蒙古统治帮手以外，迁移到西北的移民中更多的是被蒙古人征发的普通百姓。到了元世祖忽必烈时期，因防御西北诸王战事频繁，驻军补给问题十分严重。为减轻运输压力，政府把大量的汉军、新附军和农民、工匠征发到西北。政府利用汉族移民在别十八里、斡端、哈迷里和西域许多其他地方屯田，还在别十八里设置冶场，鼓铸农具兵器。河南密县人陈福生在山西平阳入织工籍，后被徙到火州，在那里劳作了 15 年之久。[1]

<hr>

1 参见同恕：《陈君墓志铭》，《榘庵集》卷七。

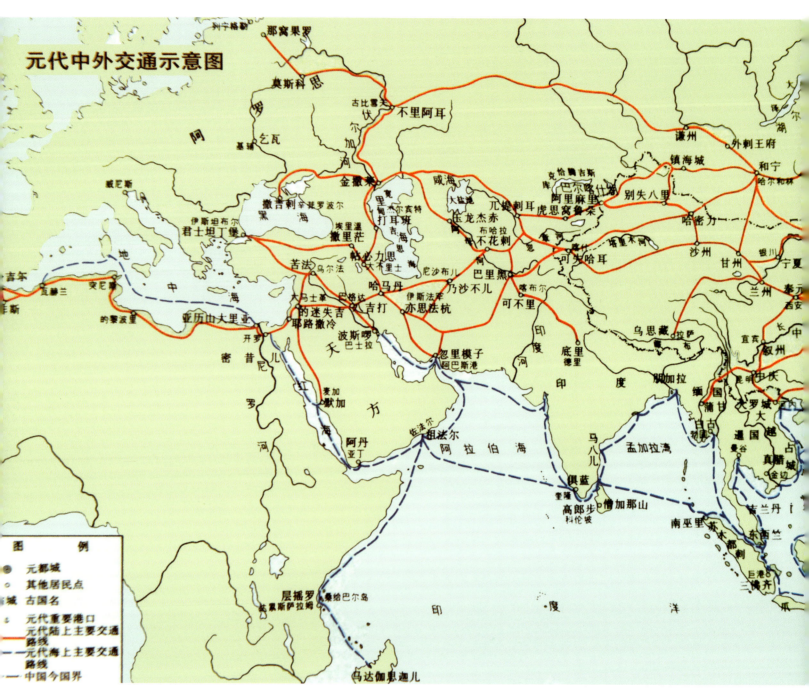

元代中外交通示意图

蒙古人征服西域之后，许多西域人随蒙古军队来到汉地，包括官员、军人、工匠、知识分子、教士等。他们被蒙古人列为色目人，在政治上地位仅次于蒙古人。这么多外族移民进入中原在历史上是空前的。元朝灭亡后，色目人的称呼消失了。构成色目人的一部分回回人后来发展成回族。其他进入汉地的色目人后来大都融入汉族和其他民族之中。

辽、金与元初，由于西夏的阻隔，中原与西方的往来多取道漠北。13世纪上半叶，连接我国华北与西域的交通线大体为：由中原北上，经漠北和林，再趋金山，折而南下至别十八里，然后沿阴山（今天山）北麓抵阿力麻里。由此向塔剌思，向西北可达欧洲，向西南则入波斯。成吉思汗西征时，曾对这条道路的若干峻险地段加以整修。

原来金山一带"深谷长坂，车不可行"。成吉思汗第三子窝阔台率军西行时"始辟其路"。天池（今新疆赛里木湖）附近山势险要。成吉思汗次子察合台所部军队路过时，"始凿石理道，刊木为四十八桥，桥可并车"。[1] 过去"千里横东西，猿猱鸿鹄不敢过"的天山山道，经过这番整修，变得"四十八桥横雁行，胜游奇观真非常"。[2] 13世纪20年代，全真道人丘处机就是沿着这条路线前往中亚谒见成吉思汗的。二三十年以后，常德奉宪宗旨前往波斯，也经由此路。[3]

建立驿站传讯系统，是蒙古国的一项重要行政事业。《史集》记载窝阔台即位后，下令在全国各地建立驿站。并规定朝廷、察合台、拔都、拖雷都派出官员操办此事。蒙古灭西夏、夺取金朝控制下的关中地区以后，重新开通中原经河西、畏兀儿直达西域的道路的时机成熟了。负责这条干线交通恢复工作的是汪古部人按竺迩。至元十八年（1281年），元政府沿太和岭[4]至别十八里一线，设置了30个新站。[5] 这30个驿站的设置，把畏兀儿之地和西域与元朝的政治中心直接联系起来。

元代从中原前往漠北的交通条件也大大改善。从大都通往和林的驿路有两条：一条经上都（内蒙古正兰旗东昭乃门苏木）、应昌（内蒙古克什克腾旗达里泊西南），西北行抵克鲁仑河上游，转而西行至和林，共57站，被称为帖里干道；另一条经兴和（今河北张北）、丰州（呼和浩特东白塔镇），出大青山，过净州（内蒙古四子王旗城卜子）、沙井，渡大漠，西北行至翁金河，北上达和林，共38站，被称为木怜道。和林还有通往金山、谦州的驿路。

1 王国维：《〈长春真人西游记〉校注》，《蒙古史料四种校注》，台北正中书局1962年版。
2 耶律楚材：《过阴山和人韵》，《湛然居士文集》卷二。
3 参见王恽：《秋涧集》卷九十四。
4 太和岭，地处今山西北部，位于雁门附近，有直通大都的站道。
5 参见《元史·地理志》。

北廷故城（辽代称"可汗浮图城"）的回鹘寺院

丝路明珠：
草原丝路上的城镇

北 庭

北庭即别十八里，为突厥语 Beš balïq 之音译，意为"五城"，其遗址在今新疆木垒境内吉木萨尔护堡子古城。"五城"这个地名初见于古突厥文《阙特勤碑》。在《突厥语大字典》中，别十八里被列为畏兀儿五城之一，并说它是畏兀儿最大的城市。"五城"在汉文文献中初见于《旧唐书·地理志·金满》："胡故庭有五城，俗号'五城'之地。"此城在唐以前很久就已存在。除了汉文、突厥文文献之外，其他民族也知道"五城"这个地名。

公元 760 年别十八里陷于吐蕃。公元 840 年后，别十八里为高昌回鹘狮子王驻夏之所，又为畏兀儿之首府及政治中心。10 世纪末北宋使臣王延德在他的游记中提到，北庭城中有"高台寺""应运太宁之寺"等，并说当地人"性工巧，善冶金银铜铁为器及攻玉"。[1] 丘处机则得知北庭有"龙兴西寺"。[2] 此城明初后逐渐废弃。

---

1 王国维：《王延德使高昌记校注》，《海宁王静安先生遗书》，商务印书馆 1940 年版。
2 王国维：《〈长春真人西游记〉校注》，《蒙古史料四种校注》，台北正中书局 1962 年版。

碎叶与裴罗将军城

　　碎叶川是碎叶水冲积而成的平原，是天山以北草原最为肥美的地方，同时因为地处东西交往的草原丝路要津，自古以来便是草原上罕见的人烟密集的多城镇地区。碎叶水即今哈萨克斯坦、吉尔吉斯斯坦两国相邻处之楚河。碎叶川长约千里，其西是怛罗斯河流域。在《新唐书·地理志》中提到东西交通线沿路的城镇有：裴罗将军城、碎叶、米国城、新城、顿建城、阿史不来城、俱蓝城、税建城等。

　　碎叶是唐代大诗人李白的祖、父曾经生活过的地方，也是李白的出生地。唐朝政府曾经在此驻兵，控制周围的草原地区。这里也是西突厥十姓可汗、西突厥突骑施部和葛逻禄的中心城镇，同时又是穿越蒙古草原、中亚草原前往遥远西方的必经之地。玄奘西行时路过碎叶看到，该城"周六七里，诸国商胡杂居也"。他观察了当地的农业，发现这里"土宜糜、麦、葡萄"，树木较少，"林树稀疏"。当地人均穿"毡褐"。碎叶城位于今吉尔吉斯斯坦首都比什凯克（Bishkek）以东的托克马克（Токмак）附近，楚河南岸阿克－贝希姆（Ак-Бешим）遗址。其城墙分为内、外两道，遗迹清晰可辨，外城墙全长为 16 公里。居民集中区为 2.25 平方公里。

　　裴罗将军城与碎叶为邻，据唐朝宰相贾耽《皇华四达记》记载，两城相距10 公里，是从碎叶通向中原内地的驿路第一站，今地为距托克马克 18 公里的布拉纳（Бурана）遗址。哈剌汗朝时期定都于此，又称虎思斡耳朵。公元 1134 年左右，耶律大石利用东哈剌汗朝受康里、哈剌鲁诸部的袭扰，请求援助的机会，率军占领之，成为西辽国都。

《混一疆理图》中的别十八里及其周边毗邻地区

31

怛罗斯

碎叶之西是怛罗斯河游域，这里最重要的城镇是怛罗斯。北匈奴西迁后在都赖水边的立足地，当即此城。唐初玄奘在这里看到"城周八九里，诸国商胡杂居也"。公元751年，唐朝大将高仙芝的军队在这里与大食军队遭遇，因唐朝征发的歌罗禄部军队叛变，唐军战败。此战成为中外历史上著名的战役。明初陈诚将其记为"养夷"，这是怛罗斯五个镇子之一的名称。

古回鹘城与和林

唐代漠北回鹘汗国在鄂尔浑河流域建造了回鹘城（Ordu Balïq），迄今保存得相当完整。城垣残高约6米，周围有子城和延城，城西有粟特文石碑残块。当地的唐化伽可汗碑、阙特勤碑是举世闻名的文化遗产。

蒙古帝国的首都和林遗址是鄂尔浑河流域最重要的古迹。和林全称哈剌和林（Qara Qurum），位于今蒙古国前杭爱省的哈尔和林。和林城所在地原为克烈部夏营地，在辽代已有寺院。[1] 成吉思汗时代在和林附近设立斡耳朵，由其后妃驻守。[2] 1235年元太宗窝阔台下令于鄂耳浑河东岸建万安宫、诸王大臣宅邸、仓库和寺观，由汉人燕京工匠大总管刘敏主持，次年宫成。[3]

据法国使臣鲁卜鲁克（Guillaume de Rubruquis）记载，万安宫中殿辟三门，皆向南。殿内圆柱两列，北置一高台，两侧通有阶梯，为御座所在。御座左右置平台，右侧为诸王座位，左侧为后妃座位。中门之前立一银树，顶部装有一名吹号天使，树根部有四头银狮，口中可喷出马奶。树枝上有四条金蛇，可喷出不同的饮料，为法国匠人威廉所造。13世纪中的和林城大小约与法国的圣但尼林（Saint Denis）相同。城内有两个区，一个是回回人区，一个是汉人区。汉人区是商贾和手工业者聚居的地区。当时和林有寺观12所、回回礼拜寺2所、也里可温教堂1所。城有四门，东门为谷市，西门为羊市，南门为牛、车市，北门为马市。

---

1 参见陈得芝：《元岭北行省建置考（上）》，载南京大学《元史及北方民族史研究集刊》1985年第9辑。
2 参见《长春真人西游记》。
3 参见元好问：《遗山先生文集》，四部丛刊初编本卷二十八《大丞相刘氏先茔碑》。

称海城与谦州

称海是元代蒙古地区西部的政治、经济中心，其地位仅次于和林。为成吉思汗大必阇赤田镇海率俘获汉民工匠所建，城以他的名字命名，又被称为田镇海八刺喝孙。"八刺喝孙"（balaqasun）为蒙古语，意为"城"。汉人在那里筑城，屯田并从事手工业生产。城中还建有仓库。当地屯田年收获粮食可达 20 余万石。[1]

谦州，为地处蒙古高原西北部、唐努山以北的欠欠州的中心城镇，位于益兰（Ilan）[2]，是漠北的宜农地区之一，其辖境包括今俄罗斯图瓦共和国与哈卡斯共和国。这里唐代已产生了城镇，为辖戛斯人所建。西辽时代欠欠州曾是重点驻防地。成吉思汗时代，欠欠州是成吉思汗第四子拖雷长妃唆鲁禾帖尼的封地，大批汉军和汉人工匠被征发到这里。[3]据文献记载，这里有数千户居民，多数为蒙古人、回回人，汉人一般为蒙古立国之初从内地迁来的工匠，多在工局中服役。[4]当地出产的丝织品相当有名。汉族工匠带来了冶铁技术，使这里成为漠北重要的农具和兵器制造地。元政府在这里设有"欠欠州武器局"。[5]忽必烈时代在这里设有官府、仓库、作坊等。

---

1 参见陈得芝：《元称海城今地考》，载南京大学《元史及北方民族史研究集刊》1980 年第 4 辑。
2 Ilan 在突厥语中意为"蛇"。
3 参见《元史·贾塔刺浑传》。
4 参见《元史·地理志》。
5 参见《元史·百官志》。

嫘祖画像

经济交通篇

新疆民丰出土河内缣残片

丝之国：
»» 中国丝织技术的西传

　　丝绸业在古代相当长的历史时期内是中国独有的产业部门。精美的丝织品自古受到世界人民的喜爱。

　　蚕是在中国驯化的。元末陈桱则说，黄帝"命元妃西陵氏教民蚕"，他还解释道："西陵氏之女嫘祖，为帝元妃，始教民育蚕治丝，以供衣服而天下无皴瘃之患，后世祀为先蚕。"[1]这些记载说明人类在未能科学地认识自己的历史以前，往往把一些伟大的创造发明归功于某位圣人。实际上丝桑业不可能是哪一个人发明的，它是中华民族的祖先在千百年的生产劳动实践中，总结世世代代积累的经验而创造出来的。不过这个传说表明中国的蚕桑业在远古时代已经产生。

　　1926年考古工作者在山西西阴村新石器时代的遗址中，发现了半个用刀切割过的蚕茧，茧长15.2毫米、宽7.1毫米。[2]这证明至少在5000余年前，中华民族的祖先就已经开始驯养桑蚕了。在相当长的时期内，西阴村出土的这个蚕茧被认为是中国桑蚕业起源的最早的物证。

---

1 陈桱：《通鉴续编》卷一，黄帝有熊氏，元刻本。
2 参见李济：《西阴村史前遗存》，载《清华学校研究院丛书》第三种，1927年版。

有关养蚕最早的文字记载要算《夏小正》中的三月"妾子始蚕""执养宫事"。[1]"执养宫事"被汉代郑玄解释为："执养，操也。养，长也。谓操养长蚕宫之事。"[2]把养蚕业列为要政之一，可见当时桑蚕业已经有相当的规模。养蚕需桑，《夏小正》中的"摄桑"[3]以及《诗经·七月》中的"蚕月条桑，取彼斧斨，以伐远扬，猗彼女桑"，讲的都是桑树整枝的事。

大约从商周时代开始，政府中已经设有管理织造的官员。据《周礼》记载，周代有"典丝"[4]之职。丝绸的品种已经大为增加，见于文献记载的有缯、帛、素、练、纨、缟、纱、绢、绮、罗、锦等。既有生织、熟织，也有素织、色织，而且有多彩织物"锦"。

浙江钱山漾出土绢片

周代丝织品已经染色。据春秋末年齐国人的著作《考工记》记载，染色前先需练丝，即进行丝料预处理。其过程是这样，先把丝浸于楝木灰和蜃灰——即以贝壳煅烧出来的石灰汁中，利用其中的碱性清除污垢和胶质，然后清洗脱水。白日置于阳光下曝晒漂白，晚间浸于井水之中用水溶解丝胶，如此反复多次。这道工序对于提高染色质量至关重要。染色采取多次浸染的套色法，即把丝料分次浸入溶有某种或多种不同颜色的染料容器内，从而得到某一颜色的不同深度的近似色，或其他各种新的颜色。丝织品因其轻薄精美，很快为中国周边民族所知，并且越传越远，成为异国他乡人民梦寐以求的珍品。

联珠对鸡纹锦

1 戴德：《大戴礼记》卷二《夏小正第四十七·三月》，四部丛刊景明嘉靖十二年袁氏嘉趣堂刻本。以下版本信息略。
2 郑玄：《〈礼记〉疏》卷十三"月令"，清嘉庆二十年南昌府学重刊宋本十三经注疏本。以下版本信息略。
3 《大戴礼记》卷二《夏小正第四十七·三月》。
4 郑玄：《〈礼记〉疏》卷一"天官冢宰第一"。

养蚕上簇图　　　　缫丝图

新疆阿拉沟出土凤鸟纹刺绣

西域本不出丝绸。据《史记·大宛传》记载，自大宛以西，"其地皆无丝漆"。直至佛教传入中国以后的相当长时期内，西域仍不产丝。在丝织业发展起来以前，古代西域贵族所消费的丝绸主要依靠交换从内地取得。从上古时代起，丝织品就是我国中原地区向西北各族输出的主要产品。与新疆比邻的今俄罗斯联邦戈尔诺·阿尔泰州乌拉干区巴泽雷克公元前1千纪中叶的古墓葬曾出土过汉地丝绸。中国、哈萨克斯坦、俄罗斯接壤的阿尔泰地区也出土过战国铜镜。这些资料证明，中国内地与阿尔泰山以西的居民发生联系早于公元前1千纪中期。[1]

在丝绸传入西域很久以后，有些西域国家仍不知道用生丝为原料来织造。据新罗僧人慧超记载，克什米尔一带的国王常遣二三百人于今帕米尔一带抢劫。"纵劫得绢，积在库中，听从烂坏，亦不解作衣著也"[2]。直至13世纪蒙古西征时，蚕桑业在西域仍然推广得很有限。耶律楚材在寻思干（撒马尔罕）看到那里有很多桑树，但会养蚕的人很少，所以很难织造丝绸。

较早开始织造丝绸的是高昌和于阗。《大唐西域记》卷12记载丝织业从中原传入于阗的经过是这样：从前于阗未知桑蚕，听说中原有，遂遣使求蚕种。但中原皇帝不愿让蚕种外传，不但不赠送蚕种，还深恐于阗使臣私自夹带蚕种出境，遂下令边境严加防范。于阗国王想出一计，故意恭谦地向汉地皇帝提出联姻。中原皇帝一向自大，见西域于阗有意联姻，便允许之，同意将公主下嫁于阗。于阗王得讯后，以迎接公主的名义向中原派出使臣，暗中向公主传话，说于阗素无丝绸蚕桑，如果公主想嫁到于阗之后继续有丝绸衣裳可穿的话，就必须随身将蚕种带来，以便将来自己织造丝绸。公主得此消息后，秘密准备了蚕种，藏在凤冠之中。当公主外嫁的车队行至边境时，官吏依例遍搜行囊，只是不敢检查公主的帽饰，于是蚕种安全地传到于阗。

1 参见鲁科金：《论中国与阿尔泰部落的古代关系》，《考古学报》1957年第2期，第37—48页。
2 《大正大藏经》卷五十一，第979页。

新疆民丰尼雅出土五星锦

公主先暂居在于阗以东一个叫作麻射的地方，待王宫收拾停当后迁入宫中。在离开此地时，公主把蚕种留在这里。阳春三月万物竞发，人们开始植桑养蚕。起初人们不明白饲蚕只能用桑叶，试以各种树叶，后来发现桑树如此有用，遂遍植其树。公主下令保护蚕桑，使丝绸业在于阗生根并发展起来。后来于阗人民为了纪念此事，在麻射建造了"先蚕伽蓝"，即蚕种寺。至唐代这里尚有数株枯桑，传说是最初种植的几株种桑。

藏文《于阗国史》也说，有一位叫尉迟迟（Vijaya-jaya）的国王从中原娶了一位公主。公主在出嫁时暗中夹带了蚕种，饲养在麻射（Ma-Za）之地。20世纪初在于阗以东的丹丹乌里克遗址中发现一幅壁画，绘有汉地公主携蚕种入于阗的故事。[1] 蚕种传至于阗的时代大约在"十六国"至北朝时代。西域的水土宜于桑树生长，蚕桑业在那里发展得很快，不仅传入西域各地，包括葱岭以西地区，而且后来西域成为蚕桑业进一步西传的中继站。

---

1 参见季羡林等：《大唐西域记校注》，中华书局1985年版，第1021—1023页。

丝织业最初什么时候传入欧洲很难确证。公元前4世纪前半叶，希腊诸城邦中的马其顿完成了对各邦的征服后，于公元前330年灭亡了波斯帝国，将其疆域扩到中亚。此前希腊人已经通过某种渠道接触到轻薄美丽的丝绸，他们把丝绸称为Ser，即汉字"丝"上古读的音译，他们也知道丝绸产自东方，把这个出产丝绸的国度称为赛里斯（Seres），意即"丝国"。欧洲人所习于穿着的是羊毛织物，因此他们起初想当然地认为丝是某种特殊的羊毛。但是无论哪一种羊毛也不可能纺织出如此美丽的纺织品来，这就使得希腊人对丝绸的好奇心大增。

许多年过去了，经过坚持不懈地打听与了解，欧洲人终于得知，丝是一种与树有关的纤维，但仍不离羊毛思维，以为丝是一种从树上采来的羊毛。罗马帝国时代的作家老普林尼（Pline L'Ancien）在其成于公元77年的《自然史》中说，赛里斯人这个民族"以他们森林里所产的羊毛而名震遐迩。他们向树木喷水而冲刷下树叶上的白色绒毛，然后再由他们的妻室来完成纺线和织布这两道工序"[1]。直到2世纪大秦王安敦执政时代，包撒尼亚斯（Pausanias）在写作其《希腊志》时，才了解到中国的丝产自于一种称为Ser的昆虫，即蚕。他说："赛里斯人用作制作衣装的那些丝线，它并不是从树皮中提取的，而是另有其他来源。在他们的国内生存有一种小动物，希腊人称之为'赛儿'，而赛里斯人则以另外的名字相称。"他说这种小动物与蜘蛛相似。毫无疑问，这种小昆虫就是蚕。包撒尼亚斯虽然比他的前辈更准确地了解了丝的来源，但他显然仍是通过间接途径了解到丝的生产过程的。

---

1 Cœdès，George：*Textes d'autres grecs et latins relatifs àl'Extrême-Orient depuis le IVe siècles av.J-C.jusqu'au XIVe siècles,* Paris,1910（戈岱司编：《公元前四世纪至公元十四世纪希腊、拉丁作家远东古文献辑录》，耿昇汉译本《希腊、拉丁作家远东古文献辑录》，中华书局1987年版，第10页。）以下版本信息略，简称戈岱司编、耿昇译：《希腊、拉丁作家远东古文献辑录》。

19世纪末乌兹别克贵族服装

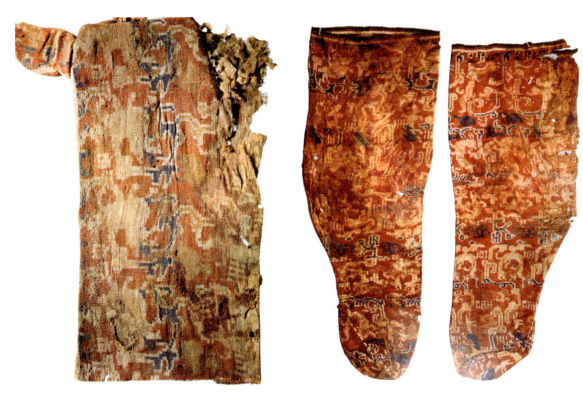

新疆尉犁营盘出土"延年益寿大益子孙"锦手套及锦袜

在相当长的时期内，罗马帝国的丝绸主要依赖于从中国输入，其国内虽然有一些丝织业，但其原料也主要由东方输入。罗马的作坊拆解输入的丝绸，重新再纺织染整。由于丝绸远比其他织物精美，罗马国内对丝绸的需求很大，大量的中国丝绸经波斯进入罗马市场，造成巨额入超，国库入不敷出。罗马帝国为了控制丝绸进口，曾于公元297年与波斯萨珊王朝达成协议，规定丝绸由国家垄断。

波斯对丝绸贸易的垄断，迫使欧洲人另寻丝绸来源，而波斯人则不希望欧洲人与中国直接建立联系。据东罗马历史学家普罗科波（Procope de Cesaree）记载，公元550年左右，几位在拜占庭的印度僧人了解到，东罗马皇帝查士丁（Justin）皇帝正竭力减少丝绸贸易赤字，便求见皇帝，声称他们曾经在一个位于印度之北，称为"赛林达"（Serinda）的地方居住过。他们告诉查士丁皇帝，丝是由一种小昆虫生产的，要想搞到这种活虫很难。但繁殖蚕并不难，因为蚕是从卵孵化出来的。查士丁皇帝为这些印度僧人所带来的消息所鼓舞，向他们许诺，如能搞到蚕种，并在拜占庭饲养成功，将给以重赏。于是这几位印度僧人返回"赛林达"取蚕种。不久后，他们终于把蚕种带到拜占庭。[1]

---

1 参见戈岱司编、耿昇译：《希腊、拉丁作家远东古文献辑录》，第96—97页。

刺绣云纹粉袋

刺绣云纹袜袋（部分）

这几位印度僧人取蚕种的地方"赛林达"（Serinda），是由 Ser 加 Inda 构成的。Ser 即"赛里斯"（Seres），意为"丝国"，即中国；Inda 就是印度。Serinda 指位于中国与印度之间的地区，相当于汉文史料中的"西域"。在当时蚕桑业已经经于阗传到西域，所以这些印度僧人是从于阗或其附近地区把蚕种传到拜占庭去的。这样，在古老中国起源的丝绸业，从原料生产到纺织成品完整地在东罗马帝国的土地上生根落户下来。[1]

6 世纪时拜占庭与西突厥建立了联系，当时突厥汗国控制着东起辽海，西达里海的辽阔草原地带，掌握了东西之间的丝绸贸易。查士丁皇帝曾向来访的突厥人介绍了丝绸的生产过程，使突厥人惊讶不已，他们不明白东罗马人是如何侦知这个秘密的。[2]

大食帝国兴起以后，蚕桑业沿北非一直向西传播，并跨越直布罗陀海峡传入处于大食人控制下的西班牙。1146 年斯加里野（今意大利西西里岛）国王使用俘获的掌握蚕桑技术的拜占庭希腊工匠，在斯加里野开始生产丝绸。后来蚕桑业从斯加里野传到意大利和欧洲其他地方。

1 参见戈岱司编、耿昇译：《希腊、拉丁作家远东古文献辑录》，第 96—97 页。
2 参见戈岱司编、耿昇译：《希腊、拉丁作家远东古文献辑录》，第 116 页。

"撒马尔罕纸"：
中国造纸工匠的故事

造纸是中国人对世界文明最了不起的贡献之一。

根据文献记载，中国造纸是东汉和帝元兴元年（105 年），由蔡伦发明的。[1] 实际上，造纸术在东汉以前已经存在。1957 年在西安灞桥出土了西汉古纸，1974 年在甘肃居延也发掘出西汉时代的麻纸，1978 年在陕西扶风县太白乡又发现了西汉古纸。这些考古发掘中发现西汉时代的纸，证明了蔡伦的发明是有所本的。

除了桦树皮、贝叶以外，印度人原先用压得发亮的棉织品、皮革、金属片作书写材料。西汉打通西域之路后，汉纸也逐渐在西域传播开来。7 世纪以前，印度人已经用纸，义净曾提到这一点，而且梵文中也出现了几个不同的"纸"字[2]，其中一个叫"舍也"（shaya），印度学者认为这就是汉文"纸"字的梵文转写。中国南方虽然至少在晋代已经能造纸，但与中国南方毗邻的林邑、交趾（越南）、真腊（中南半岛古国，其境在今柬埔寨境内）直至宋、元、明时代还不会造纸。而东南亚的孛泥（今文莱）、爪哇、满刺加（今马六甲）至郑和时代还不用纸。由此可见中国纸是沿陆路而非海路传到印度去的。[3] 至于造纸法

《天工开物》中所载造纸图

---

1 参见《后汉书·蔡伦传》《东观汉记·蔡伦传》注。

2 参见季羡林：《中国纸和造纸法输入印度的时间和地点问题》，载《中印文化关系史论文集》，生活·读书·新知三联书店 1982 年版，第 11—39 页。

3 参见季羡林：《中国纸和造纸法最初是否由海路传到印度去的》，载《中印文化关系史论文集》，生活·读书·新知三联书店 1982 年版，第 44—50 页。

乌兹别克斯坦撒马尔罕近郊的兀鲁伯天文台

何时传入印度目前尚不清楚。但 15 世纪郑和下西洋时，随行的马欢在榜葛剌（孟加拉）已经看到当地用树皮制成的白纸，光滑细腻，"如鹿皮一般"[1]。

　　一般人均认为造纸术是公元 751 年唐朝军队在怛罗斯被大食军队战败后，由被俘的工匠传授到大食的。这种看法至今仍为大多数学者所接受。但这并不意味着西域人在此之前就没有用过汉纸。斯坦因在敦煌发现被学者们断定为公元 312、313 年的几份写在中国纸上的粟特文书信，给了我们一些新启示。这些文书是在中国经商的九姓贾胡托行旅带回中亚家乡的书信。因某种原因或变故，信未能带到，被滞留在敦煌。可以设想，当时往来东西的商贾中有不少人都顺便带有亲友的书信，而且有许多从中国带出去的书信被送到目的地。因此中亚人很早就不但听说过，而且见过用过中国纸。这种质地轻软、价格低廉、易于大量生产的书写材料很早就引起西域人的注意。这应是造纸术西传的历史背景。

1 马欢：《瀛涯胜览》，冯承钧校注，商务印书馆 1935 年版，第 61 页。

乌兹别克斯坦列吉斯坦经学院建筑群

乌兹别克斯坦撒马尔罕拉赫阿巴德陵墓

乌兹别克斯坦撒马尔罕的帖木儿陵

乌兹别克斯坦撒马尔罕妣妣夫人陵墓

乌兹别克斯坦撒马尔罕的帖木儿王朝贵妇陵

　　公元 751 年唐将高仙芝在怛罗斯战败后，许多唐朝士兵被俘后被押送往大食。杜环也是一位在怛罗斯之战中被俘的官员，他所写的《经行记》提到他在大食看到有绘画和织络的中国工匠，未提到造纸的事。但根据阿拉伯史料记载，在怛罗斯被俘的中国士兵中有造纸匠，大食人利用汉军工匠在撒马尔罕造纸，他们把造纸法传入中亚，并由此传到大马士革和巴格达。大食帝国地跨欧亚两大陆的辽阔疆土为造纸术迅速向遥远的西方传播提供了极为有利的条件。1109 年以前，造纸术从开罗传到斯加里野，再由此进入意大利。此外造纸术还从开罗沿地中海南岸在北非继续向西传播，并越过直布罗陀海峡进入西班牙。此后，"撒马尔罕纸"这个术语成了西方对汉式绵纸的正式称呼。直至现今，在波斯语中中国式的宣纸还被称为"撒马尔罕纸"。中国造纸术传入后，在地中海东岸、南岸地区，"撒马尔罕"纸与当地传统的芭芘纸、羊皮纸并存了一段时期。以后，芭芘纸逐渐被取代，羊皮纸也一步一步地退出历史舞台。到 20 世纪初，埃及芭芘纸制造技术已经失传。现在西方市面上可见的芭芘纸是现代学者重新研究以后制造出来的。16 世纪时，造纸作坊已经遍布欧洲大陆。

　　书籍是人类科学知识的载体。而纸的发明使书籍走出贵族的居室，进入寻常百姓之中成为可能。中国造纸术的广泛传播证明了汉法造纸技术的优越性。有了纸，印刷术的发明才有基础，所以中国造纸术是人类文明史上最伟大的发明之一。

西域物种：
>> 丰富中原人民的生活

外来农作物

丝绸之路是东西方国家的人民友好往来，互通有无，包容和谐之路。丝绸之路的开通，使西域的各种农作物流入中原，丰富了人们的日常物质生活，包括苜蓿、胡萝卜、葡萄、茄子等。

苜 蓿

苜蓿是豆科草本植物，是营养价值极高的牲口青饲料。张骞在西域发现大宛名马的主要饲料是苜蓿，归来后向汉廷报告了此事。这一发现在当时的价值有如今天发现了新型车辆和油料一样，引起震动。良马是强兵的基本条件，所以此后不少汉使西行归国时，都带回苜蓿种子。汉武帝甚至把苜蓿种在自己的离宫别馆旁边，这样苜蓿在中原很快推广开来。

苜蓿由于其优良的固氮性状，其培养地力的作用很快被汉地农民发现，成为提高产量的重要倒茬作物，对我国农牧业的增产起了重要的作用。

葡 萄

中国有野葡萄生长，但古代中国人并没有栽培它。葡萄最初是由古代埃及人开始栽培的。汉代张骞出使西域时，看到大宛盛产葡萄酒，富人储藏的葡萄酒有时高达 1 万石。中国古代酿制的酒度数较低，很容易酸坏，而大宛富人藏酒数十年不坏，这使汉使感到很惊奇。汉使在康居看到许多葡萄，于是归国时把葡萄带回内地，献给汉武帝，武帝下令种于离宫别馆边。

我国西北地区与大宛、康居等地相接，风土气候类似，故而很早就开始引种葡萄。《太平御览》卷九十七说，"十六国"时代后凉的吕光征龟兹（今新疆库车）时，发现当地人喜爱葡萄酒，有些富裕人家的储藏量甚至达一千斛。粟特人在传播葡萄种植方面起过很大的作用。唐代康国人大首领康艳典在今罗布泊以南地区建立了一些粟特人的移民点，其中有一个就被称为"葡萄城"。

张骞最初把葡萄称为"蒲桃"。古代伊朗把葡萄酒称为 buda，而希腊人则把葡萄串称为 botrvs。张骞在西域所听到的"蒲桃"这个名称，究竟原字是伊朗语，还是随亚历山大东征传到中亚的希腊语，目前尚未有定论。

棉 花

汉地传统的纺织原料是丝和麻。蚕桑生产在北方难以发展，而麻制衣料质地粗糙。宋、元两代，棉花的种植逐渐在内地推广。棉花的传入有海、陆两道，其中陆路传自西域。元《农桑辑要》把棉花称为木棉，书中说：木棉产于西域，入元以来木棉种于陕右，兹茂繁盛，与本土无异。在关陕地区推广植棉上，畏兀儿人起了重要作用。陕西西乡县人民原先"不知种棉之利"，畏兀儿人燕立帖木儿"自兴元求籽给社户，且教以种之法"，使人民得到利益，生活有所改善。[1]

---

1 蒲道源：《西乡宣差燕立帖木儿遗爱碑》，《顺斋闲居丛稿》卷十六。

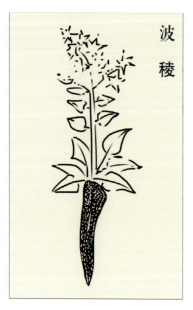

《本草纲目》中记载的外来农作物
附图

菠 菜

菠菜原产于亚洲西部的伊朗，有 2000 年以上的栽培史。印度及尼泊尔东北部有两个菠菜二倍体近缘种，为菠菜的原型。[1] 唐以前中国人不知菠菜。据《唐会要》记载，泥婆罗于贞观"二十一年（647 年），遣使献波稜菜"[2]。《册府元龟》也记载：太宗贞观二十一年三月"泥钵罗献波稜菜，类红蓝，实如蒺梨，火熟之能益食味"[3]。

这里提到的泥婆罗或泥钵罗，即今尼泊尔。明代中国药物学家李时珍说菠菜别名"波斯草"。[4] 美国学者劳费尔博士（Berthold Laufer）曾考证，菠菜从波斯传入尼泊尔，再传入中国。[5]

菠菜入华后不久，就有人就注意到了这种植物。今残存于敦煌文书中的唐人孟诜(621—713 年) 的《食疗本草》记"菠稜"菜曰："冷，微毒。利五脏，通肠胃热，解酒毒。服丹石人，食之佳。北人食肉面，即平。南人食鱼鳖水米，即冷。不可多食，冷大小肠。久食令人脚弱不能行，发腰痛。不与蛆鱼同食，发霍乱吐泻。"[6] 他注意的是菠菜的疗效。

唐以后菠菜的种植渐广。宋代陶谷记南唐人"钟谟嗜菠稜菜，文其名曰'雨花菜'，又以蒌蒿、莱菔、菠稜为'三无比'"[7]。宋代，菠菜在典籍中的记载突然增多，说明其种植推广得很快。明人王世懋已正式使用菠菜这个名字，他说："菠菜，北名'赤根'。菜之凡品，然可与豆腐并烹，故园中不废。"[8]

菠菜这种来自西域的物种，就这样为中国人民所接受，成为大众日常食用的蔬菜。

1 参见张德纯：《蔬菜史话·菠菜》，《中国蔬菜》2009 年第 23 期，第 15 页。
2 王溥：《唐会要》"泥婆罗国"条，中华书局 1955 年版，第 1789 页。
3 王钦若等：《册府元龟》，中华书局 1960 年版，第 11400 页。
4 参见李时珍：《本草纲目》，中国中医药出版社 1998 年版，第 697 页。
5 参见［美］劳费尔著，林筠因译：《中国伊朗编：中国对古代伊朗文明史的贡献，着重于栽培植物及产品之历史》，商务印书馆 1964 年版，第 223 页。
6 孟诜：《食疗本草》，收于范凤源、李启贤编《敦煌石室古本草》，台北新文丰出版公司 1977 年版，第 146 页。
7 陶谷：《清异录》卷二，民国景明宝颜堂秘籍本。
8 王世懋：《学圃杂疏·蔬疏》，《四库全书存目丛书》第 81 册 ，齐鲁书社 1995 年版，第 647 页。
以上参见石润宏《菠菜入华考》，《阅江学刊》2014 年第 1 期，第 139—148 页。

《本草纲目》中记载的外来农作物附图

黄 瓜

　　黄瓜是一种外来蔬菜。明代李时珍将黄瓜引种的时间上推至西汉张骞出西域时,他记道:"张骞使西域得种,胡名胡瓜。"[1]多数学者接受这种观点。但也有学者认为,黄瓜原产于印度,传入时间比茄子略晚(茄子在晋代传入)。[2]

　　黄瓜原先称胡瓜,十六国后赵时,当时人为避统治者羯族人石勒讳,改称黄瓜。南宋陆游有七言绝句赞美它,曰:"白苣黄瓜上市稀,盘中顿觉有光辉。时清宫里俱安业,殊胜周人咏采薇。"可见黄瓜深受人们喜爱。清代以后,许多地方志中提及当地黄瓜的普遍种植与消费。如康熙《盛京通志》记黄瓜"种来西域,今为常蔬"。乾隆《浙江通志》引《金华府志》提到黄瓜除生食之外,"人家以诸色酱腌之为旨蓄,比他处特佳,可蜜煎,亦作果品"[3]。其食法已与今日相似。

1《本草纲目》卷二十八《菜部三·胡瓜》。
2参见曾维华:《"黄瓜"始名考》,《上海师范大学学报》2000年第4期,第123—134页。
3参见舒迎澜:《黄瓜和西瓜引种栽培史》,《古今农业》1997年第2期,第38—39页。

《本草纲目》中记载的外来农作物附图

骑在"汗血马"上的土库曼少年

马种改良和家驴出现

　　由于所处地域和古代交通条件的限制，中原人自远古以来接触的游牧民主要是蒙古草原的居民。中原军用战马的主要来源是蒙古马。蒙古马是世界著名的古老良种马之一，吃苦耐劳，较易养殖，外观头腹较大、四肢较短、体型矮小。蒙古马虽有许多优点，但长途疾行时耐力不足，短程竞驰时速度不快。

　　张骞出使西域，特别是李广利征大宛后，费尔干纳盆地的优良马种开始输入汉地，但优良马种毕竟稀少。以良种西域名马与蒙古土种马杂交可使后代改良性状，所以输入西域马匹是历代统治者极为重视的事，大宛、乌孙的名马因之源源不断地进入我国内地。在吐谷浑的经济中养马业占重要地位，吐谷浑最著名的良种马有两种，分别名"龙种"和"青海骢"。

　　"青海骢"是"波斯草马"的后代。所谓"波斯草马"就是大宛马。吐谷浑通过引进波斯马，培育出适应青海、河西自然条件的新马种"青海骢"。1969 年考古学家在甘肃武威雷台东汉墓中发现了一件足踏飞燕的铜奔马，被定名为"马踏飞燕"，后来成为中国国际旅游的标志。"马踏飞燕"铜奔马的最大特点是它走"对侧步"的步法。我国祁连山南北、青海湖周围的马种不但在体形、外貌、体尺上与这件铜奔马有一致性，而且也善于行"对侧步"。现代研究证明，以外国种马与当地骒马交配所生后代，也常常会走"对侧步"，足见我国河西、青海马行"对侧步"的性状有很强的遗传性，说明这是一个古老马种。

《本草纲目》中记载的畜类附图

铜奔马的发现说明，自汉代以来，我国西北地区的游牧民族就不断地利用本地马与中亚大宛马杂交。汉代铜奔马的生物原型，应当是"青海骢"育成过程中的重要环节之一。唐太宗贞观二十年（646年），今阿尔泰山脉以北的骨利干献良马100匹，其中10匹深得太宗喜爱，亲自为之起名，号为"十骥"。所以《新唐书·兵志》指出，陇右"既杂胡种，马乃益壮"。唐代壁画、浮雕、石刻、陶俑中出现的体骼健壮、外形优美的名驹良骥，应即此改良种系。[1]

驴起源于北非，约公元前7500年至公元前5000年，那里的人们已经开始驯养驴。亚洲野驴产于西藏和蒙古等地。约纪元前4千纪，家驴开始在今新疆地区出现。驴具有热带或亚热带动物所共有的特征，不耐寒而耐热，有的竟能数日不采食，饮水量小，抗脱水能力强，适于在干旱炎热的生态条件下劳役，所以成为西域河西地区的主要牲畜。直至春秋时代末期，才有少量驴及其杂种骡进入内地，成为上层人饲养的珍奇异兽。据《吕氏春秋》记载，"赵简子有白骡，极爱之"。直至汉初，陆贾在《新语》中还将驴与"琥珀、珊瑚、翠玉、珠玉"并列为宝，可见其身价不凡。当时社会上层人养驴主要是为了消遣。东汉时代有的士大夫家人"喜驴鸣，常学之以娱乐"；而汉灵帝在宫中"驾四白驴，躬身操辔，驱驰周旋，以为大乐"。

汉代打开与西域的交通使驴大量进入内地。祖逖北伐时曾一次获取石勒运粮驴千头以上，可见当时中原已经普遍养驴，后来驴成为我国主要家畜之一。[2]

1 参见张仲葛、朱先煌主编：《中国畜牧史料集》，科学出版社1986年版，第16—30页。
2 参见张仲葛、朱先煌主编：《中国畜牧史料集》，科学出版社1986年版，第123—125页。

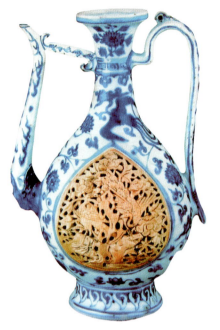

青花瓷瓶

景德镇青花阿拉伯文碗（内部）

珠宝

青金石

青金石被波斯人称为 Lajurd，被现代西方人称为 Lapis Lazuli，产于阿富汗东北部法扎巴德一带，以结晶或块状生成于石灰岩中。因颜色青蓝而半透明，色泽美丽，在古代被视为宝石。从公元前 3 千纪起，青金石就从阿富汗输往伊朗、西亚、埃及和印度。

至少在 2 世纪时青金石就传入中国内地。1969 年徐州发现的东汉彭城靖王刘恭（117 年卒）墓中出土了一个兽形鎏金铜砚盒，上镶有青金石颗粒，这是中国境内迄今发现的最早的青金石实物。东汉以后，青金石越来越多地传入中国，受到贵族、富家的喜爱，在考古发掘中陆续有所发现。1975 年河北赞皇东魏李希宗墓出土了一件镶嵌青金石的金戒指，青金石上刻有驯鹿纹，金托缘石部分做出连珠纹，估计是北齐李希宗妻崔氏之物。1957 年西安郊区隋大业四年（608 年）李静训墓出土的金项链亦串有两块镶嵌青金石的方形金饰。上述崔氏与李静训墓出土的青金石均为中亚制作，可能是由粟特胡商带入中原的。

北朝至隋初，青金石还被研成粉末，用作石窟壁画的颜料。敦煌 285 窟、新疆克孜尔石窟中的一些壁画上的蓝色矿物颜料，经分析被确认为青金石粉。唐代，青金石从中国传入日本。

明代青花瓷器大量输往海外诸国以后，中亚和波斯诸地人民把这种蓝白相间的中国瓷碗称为 Kasa-i lajurdi，意为"青金石碗"；把青花瓷瓶称为 Kuza-i lajurdi，是极为贵重的商品。明代西域入贡的使臣、商贾经常指名要求明朝政府在回赐物品中包括这种"青金石碗"和"青金石瓶"，即青花瓷碗、瓷瓶。[1]

1 参见本田实信：《论〈回回馆译语〉》(《〈回回馆译语〉に就いて》)，载《北海道大学文学部纪要》1963 年第 11 期，第 149—157 页。

宝 石

中国人所珍视的宝石自古为玉或玛瑙,但元代发生变化,西洋宝石开始为人所识,常被称为"回回石头"。在《辍耕录》中记有"回回石头"一节,记录了回回人所视为珍贵之物的几种宝石[1]:

红石头。这里提到的"红石头",见于元末航海家汪大渊的记载:高郎步(即今斯里兰卡之科伦坡)"地产红石头"[2]。而所谓"红石头"即红宝石(ruby)。至今斯里兰卡的红宝石仍举世闻名。

属于红石头的有"剌",以淡红色为娇。"剌"乃阿拉伯文لعل(l 'al)之音译,指红宝石,又称"红剌"。

明人宋诩记载:"红剌,深红,水光,清泠如血,亦有淡红色、木红色,间有行动景物居中。此则天造地设之巧。"李时珍曾说:宝石"红者名剌子","紫者名蜡子"。[3]"剌","红剌"或"红腊石",今称为红宝石,它是一种红色的刚玉。"剌"的价值很高。明人徐应秋说"有红剌一块,即值千钱,然不可多得"[4]。

宋诩还提到一种"剌儿撒阿剂",说它"色嫩如深红,其性软。'剌'即'雅琥'之美名。'剌'与'雅琥',其本地之方言也"。"剌儿"或即前述之"剌"。"色嫩如深桃红"的"撒阿剂"当为波斯文یبیاز لعل(l 'al-i pīyāzī),即褐红色的红宝石。今波斯语中仍有此词,意义同。

镶嵌有美丽宝石的花剌子模妇女首饰

---

1 参见陶宗仪:《南村辍耕录》卷七,中华书局点校本,1980年版,第84页,笔者对标点有所更动。
2 汪大渊:《〈岛夷志略〉校释》,苏继庼校释,中华书局1981年版,第270页。
3 李时珍:《本草纲目》卷八,清光绪张氏味古斋重刻本。
4 徐应秋:《玉芝堂谈荟》卷二十七,文渊阁四库全书本。

昔剌泥，黑红色。"昔剌泥"应为波斯语سیلانی(sīlānī)的音译，在波斯语中意为"锡兰的"，指斯里兰卡的红宝石。此国自古为红宝石产区。随同郑和船队出洋的回回人通事马欢曾提到，锡兰所出宝石中有"昔剌泥"。[1]

苦木兰，红、黑、黄不正之色，块虽大，石至低者。马欢记载锡兰大山内所出之宝石中有"窟没蓝"[2]，即此。宋诩称"孔木剌，红黑黄不正之色，有大块"[3]。"苦木兰"与"窟没蓝"均应为马来语kumula、kumala的音译，指蓝晶。

助把避，上等，暗深绿色。其原字应为波斯语ذبابی（zubbābī），意为"蝇色的"，指优质绿宝石。宋诩说"锁把鼻，钺绒绿色，内有蜻蜓翅形光耀，其性脆"[4]。"锁把鼻"即"助把避"。

助木剌，中等，明绿色。应为波斯文زمرد（zumrad）的音译，又为"锁目绿"。明《回回馆杂字》增续部分有"زمرد(zumurud)，祖母绿，则木鲁得"[5]，即此。明代巩珍说忽鲁谟厮国"其处诸番宝物皆有"，如"祖母绿"。[6]明人宋诩说："锁目绿，绿色，其性脆，南人称蛇见怕。"[7]徐应秋则说："祖母绿色碧，日耀则一室掩映。或云：'坐草女人握之易产，云是金翅鸟所成，出回回国。'"[8]今称祖母绿为绿宝石。

1 马欢原著，万明校注：《明钞本〈瀛涯胜览〉校注》，海洋出版社2005年版，第54页。以下简称《明钞本〈瀛涯胜览〉校注》。
2 《明钞本〈瀛涯胜览〉校注》，第54页。
3 宋诩：《宋氏家规部》卷四，第42—43页。
4 宋诩：《宋氏家规部》卷四，第42—43页。
5 参见刘迎胜：《〈回回馆杂字〉与〈回回馆译语〉研究》，中国人民大学出版社2008年版，第364—365页。
6 巩珍原著，向达校注：《西洋番国志》，中华书局1982年版，第43页。
7 宋诩：《宋氏家规部》卷四，第42—43页。
8 徐应秋：《玉芝堂谈荟》卷二十七，文渊阁四库全书本。

撒卜泥，下等,带石，浅绿色。其原字应为波斯语صابونى（sābūnī），直译为"石碱草色的"。宋诩说："撒浮泥，淡绿色，其性软。"[1] 此即"撒卜泥"。

猫睛，中含活光一缕。在《回回馆杂字》增续部分有"عينالهر（'ain al-hirr），猫睛，哀纳勒-希儿"。又作"猫睛，蹉乃力-吸儿"。[2] "猫睛"又称"猫儿睛"，多出于印度南部和斯里兰卡。宋代赵汝适在"南毗国"（今印度东南部海岸）条中曰：其"国有淡水江，乃诸流湊汇之处。江极广袤，旁有山突兀。常有星现其上，秀气钟结，产为小石，如猫儿眼。其色明透，埋于山坎中。不时山水发，溯洪推流。官时差人乘小舟采取，国人珍之"。在另一处，赵汝适又专门描述这种宝石道："猫儿睛，状如母指大，即小石也。莹洁明透，如猫儿眼，故名。出南毗国。国有江曰淡水江，诸流迤汇，深山碎石为暴雨溯流，悉萃于此，以小舸漉取。其圆莹者，即猫儿睛也。或曰有星照其地，秀气钟结而成。"[3]

1 宋诩：《宋氏家规部》卷四，第 42—43 页。
2 参见刘迎胜：《〈回回馆杂字〉与〈回回馆译语〉研究》，中国人民大学出版社 2008 年版，第 363—364 页。
3 韩振华：《〈诸番蕃志〉注补》，《韩振华选集》之二，香港大学研究中心 2000 年版，第 113 页。

玉

先秦时代文献如《管子》《山海经》《穆天子传》等书，对古代中原地区用玉，而玉取之于和阗、昆仑之地有不少记载。例如《穆天子传》提到，西周穆天子曾经西行，至"昆仑丘"和春山，说"春山是唯天下之高山也"。后来穆天子又至"群玉之山"。虽然研究者多认为"春山"应当就是帕米尔高原[1]，但一般人对这些记载往往疑信参半。在殷墟出土的玉器被确定为新疆玉之后，先秦史籍的上述记载才有了物证。先秦时代西域从中原取得丝绸，而作为交换，中原从西域取玉。古代西域赴中原贡玉的人，估计是从和田沿和田河而下，至塔里木河、孔雀河（敦薨之水）、泑泽（罗布泊）、玉门到达河西走廊。这应是汉代设玉门郡的来历，也是汉代通西域先取楼兰的原因。

阿拉伯文玉幻方，上海博物馆藏

---

1 参见顾实：《穆天子传西征讲疏》，中国书店 1990 年版。

纺织品

在元代西域手工业品的消费者主要是蒙元贵族。《元史·舆服志》记载："天子质孙，冬之服凡十有一等，服纳石失、金锦也。怯绵里，罽茸也。"[1]

传统土库曼地毯编织

这里提到的纳石失，元代又写作纳失失，为波斯语ناسيج(nāsīj)，释为"金锦"。元代集来自撒麻耳干的回回工匠于荨麻林[2]，专门织造纳失失。此外还在大都设"别失八里局，秩从七品，大使一员，副使一员，掌织造御用领袖，纳失失等段"[3]。而"怯绵里"，则当为波斯语کملی(kumlī)，《元史》释为"罽茸"，今意为粗毛织物。

《舆服志》还记载"夏之服凡十有五等，服答纳都纳石失，缀大珠于金锦"[4]。这里提到的"答纳都纳石失"或为阿拉伯语دانه الناسيج（dāna al-nāsīj）。"答纳"دانه（dāna），在波斯语中意为颗粒、珠子。

《舆服志》还记载元帝的服装中有"青速夫金丝阑子，速夫，回回毛布之精者也"[5]。"速夫"乃阿拉伯语صوف（sūf）的音译，此言羊毛、粗毛织品。这种毛织品，陈诚和李暹在《西域番国志》中提到过，称为"锁伏"，并形容它"一如执绮，实以羊毛"。

《岛夷志略》中还多处提到"西洋布"或"西洋丝布"[6]，这种"西洋布"与《真腊风土记》中所记"来自西洋"的布[7]，应当都是马八儿一带出产的纺织品。开封犹太人祖先向北宋朝廷"进贡"的"西洋布"，与元代《岛夷志略》等书中提到的"西洋布"应当是同一种产品。

1《元史》卷七十八《舆服制》，第 1938 页。
2 今河北张家口洗马林。
3《元史》卷八十五《百官志》，第 2149 页。
4《元史》卷七十八《舆服制》，第 1938 页。
5《元史》卷七十八《舆服制》，第 1938 页。
6《元史》卷七十八《舆服制》，第 38、133、209、240 页等。
7 周达观：《真腊风土记》，夏鼐校注本《真腊风土记校注》，中华书局 1981 年版，第 /6 页。

新疆土鲁番伯孜克里克石窟第 20 窟奏乐图，公元 10—11 世纪（高昌回鹘），现藏于日本东京

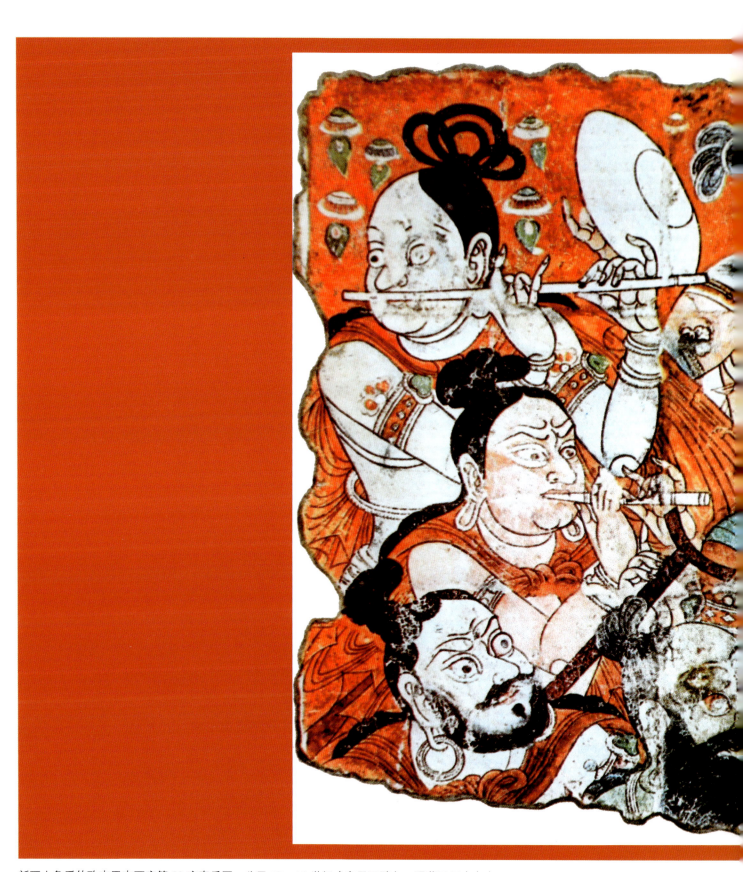

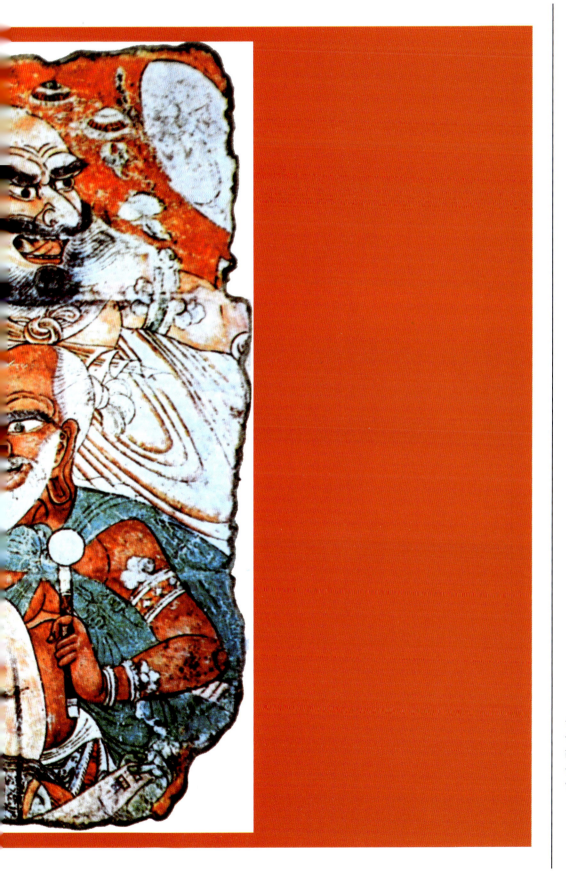

文化传播篇

吐鲁番高昌回鹘柏孜克里克石窟

语言文字：
》》》两种文化的合璧

    不同文化背景的人之间的交往，除了要克服地理障碍之外，另一个要解决的主要问题是语言的翻译，担任翻译的人古代被称为"舌人"、"译人"或"通事"，必须懂得自己母语以外的语言。人类社会早期，随着不同文化之间的接触，已经有了一些懂得不同语言的人。当时不可能有系统地学习他族语言的机构，译人可能是因通婚、为邻、战争等途径自然地掌握了其他民族的语言。东周时代，中原人把四邻的民族以东南西北为序，分别称之为夷、蛮、戎、狄。《礼记·王制》记载，"五方之民，语言不通。嗜欲不同，达其志，通其欲，东方曰寄，南方曰象，西方曰狄鞮，北方曰译"[1]。这是古代中国各民族间互相沟通时借助翻译的生动记载，当时分别把与四邻之间的语言翻译称为寄、象、狄鞮和译。

1《礼记注疏》，郑玄注，孔颖达疏，陆德明音义，影印本《文渊阁四库全书》，经部109礼类，115册，台湾商务印书馆1986年版，第278—279页。

"十六国"之后，拓跋鲜卑统一中国北方，建立北魏王朝。北魏政府接待四方来宾的机构称为"四夷馆"。北魏都城洛阳城南有宣阳门，门外四里为洛水，水上建有浮桥称"永桥"，桥南洛水与伊水之间的地域为四夷馆所在地。《洛阳伽蓝记》说，御道之东有四馆，"一名金陵、二名燕然、三名扶桑，四名崦嵫"。海东、日本等国来宾处之以"扶桑馆"；北方游牧诸部来客则置之于"燕然馆"，在馆中住过的贵客有柔然国主阿那瓌；而"西夷来附者，处崦嵫馆"。"崦嵫"就是《史记·大宛传》中提到的奄蔡。在各馆中负责接待来使的工作人员，应当都是一些懂得番语的人。

西北印度，即古代犍陀罗居民公元前3世纪采用阿拉美字母拼写当地俗语，这种文字被称为佉卢文，源自梵语Kharosthi，音译为佉卢虱吒，意译驴唇书，佉卢文是其简称，2—3世纪从贵霜王朝传入新疆南部塔里木盆地四周的于阗（今新疆和田一带）、鄯善和龟兹（今新疆库车）等地。于阗王曾铸造过钱面有汉文和佉卢文铭文合璧的钱币，称"汉佉二体钱"，亦称"和阗马钱"。在鄯善（今新疆民丰县至罗布泊一带），佉卢文成为当时鄯善王国的官方文字，使用至4世纪，长达百余年。

19世纪70年代以来，佉卢文字资料在新疆南部一些古代遗址中陆续有所发现，以民丰县尼雅遗址出土最多，主要为写在木牍、木简、皮革、绢帛、纸张上的公私文书，写在桦树皮上的佛经，以及大量的钱币，总数达千余件，多数流落国外，是研究公元2—4世纪于阗、鄯善王国社会历史的珍贵史料。

楼兰出土的汉五铢钱

汉佉二体钱（于阗马钱），用源于希腊的模压法制作

唐代胡俑，山东博物馆藏

元代胡人陶俑，山东博物馆藏

　　魏晋至唐代，对西域文化影响最大的民族是粟特人，又被称为昭武九姓，或九姓胡。粟特人的语言属于中古伊朗语的东部分支，但他们没有统一的文字。普通粟特人采用阿拉美字母拼写，这种文字被称为粟特文，但信奉佛教的粟特人则采用印度的婆罗谜字母拼写其语言，而信仰摩尼教的粟特人则使用伊朗的巴列维字母。

　　由于粟特商人善于经商，足迹遍及大漠南北、中原和江南，故而粟特文在各地广为使用。在突厥人创立自己的文字前后，粟特文一直被作为其书面语使用。唐代迁至中亚的操突厥语民族突骑施人，也渐次采用粟特字母拼写突厥语。在中亚碎叶遗址及我国新疆，均发现唐代突骑施铸造的钱币，其制形有如开元通宝，外圆内方，钱面铭文为 Türkiš satïr bir juz，意为"突骑施钱一百文"。公元 840 年回鹘人（即畏兀儿人）从漠北迁居西域后，接受了突骑施人创造的这种文字，使用得更为广泛，被称为"畏兀儿文"。西辽建国于中亚后，也延请畏兀儿知识分子为皇室之师。这种文字当代我国学术界通称为"回鹘文"，在新疆东部地区一直沿用到清初。

　　蒙古人在成吉思汗以前时代没有文字。蒙古高原西部的乃蛮人专门聘请识文断字的畏兀儿人掌管钱粮出纳。成吉思汗统一蒙古高原后，下令原在乃蛮服务的畏兀儿知识分子塔塔统阿依畏兀儿文创制蒙古文。这种蒙古文被称为"回鹘式"蒙文，其改进后一直延用至今。明末建州女真——满族的祖先，又依据蒙古文创制了满文。源于地中海地区腓尼基文的东方支系阿拉美字母，就这样一步一步地东传，成为粟特文、突骑施文／畏兀儿文、蒙古文与满文字母的基础。

佛教的传入在丝绸之路历史上有着非常重要的意义。佛教的入华不仅是一种外来宗教在华落脚生根，而且是中国历史上首次大规模地引进外来文化。印度文化的入华为世世代代身居汉地的中国人提供了平行的文化参照系，使古代中国人第一次有机会将自己习以为常的汉语与汉字与异域文化进行系统对比。以汉语为例，东汉以来中国人通过梵汉对比了解到汉语是一种有声调的语言，即分为平、上、去、入四声；为注明汉字读音，反切系统被创造出来。在概括反切下字的基础上，各种韵书纷纷涌现。后来汉语诗律学大兴盖肇源于此。较韵书稍晚出现的概括反切上字、音纽、音等的图籍成为后代研究汉语音韵学、汉语语音史的主要依据。

为了帮助中国佛教徒了解佛经中的各种术语，当时的佛经翻译界编写了各种字书，唐代玄应的《一切经音义》与慧琳的《一切经音义》是其中主要的代表。

宋辽金时代双语词典的编纂在汉地与边疆都得到迅速发展。存留至今的这一时期在汉地编成的双语词典是北宋时译官孙穆所编汉—高丽字汇集《鸡林类事》。现存的《鸡林类事》收词语共 300 余条，按类排列，但不著类别。每个词条先写汉译，再录汉字音写的高丽语（即古朝鲜语）。这一时期地处西北的西夏境内编纂番汉对译词典的活动也相当活跃。存留至今的西夏人独立编纂的番汉对译字书是《番汉合时掌中珠》，其编纂者是骨勒茂才。此字书 1908 年为俄国人科兹洛夫（P. K. Kozlov）发现于今内蒙古阿拉善盟额济纳旗之黑城，收录词语 414 条。原件今藏俄罗斯。[1]《掌中珠》中各词条均以夏汉两种语言释义注音，是迄今所见我国最早的双语双解字典，词语按其意义分类编排，分为三大类，即天、地、人。每大类再细分为上、中、下三小类，共为九小类，它所继承的是《尔雅》的传统。

胡人老者俑，五代吴越国（952 年），福州马坑山五代墓出土

---

1 现使用较多的是罗福成 1924 年所刊残本，收于《嘉草轩丛书》。

胡人形象 2 幅

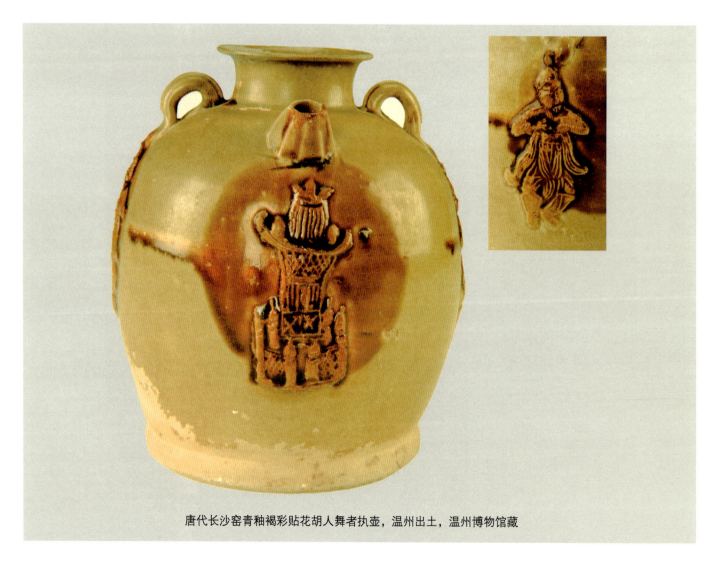

唐代长沙窑青釉褐彩贴花胡人舞者执壶，温州出土，温州博物馆藏

黄釉贴花双系曲柄短流壶，壶身有胡人吹箫图，温州出土，温州博物馆藏

察合台汗国金币，新疆博乐出土

察合台汗国银币，新疆昌吉出土

  成吉思汗及其子孙率领蒙古军东征西讨，创建了人类历史上疆域空前的大蒙古国。多民族国家统治机关各族官僚之间的沟通翻译是必不可少的。蒙古人在元代处于社会顶端，所以蒙语被称为"国语"，蒙古文被称为"国字"。《黑鞑事略》提到，成吉思汗西征时，南宋使臣赴燕京太师国王木华黎行帐，发现蒙古统治者急需翻译人才与汉人沟通，故而燕京城里有许多人学习"鞑人译语"，初习不久便去当翻译。

  宋元之际陈元靓所编《事林广记》的几种元刊本中，收有题为《至元译语》或《蒙古译语》的蒙汉词典，今通称为《至元译语》。元世祖忽必烈率蒙古大军南下，灭亡赵宋，引起江南的大变动，市民连街谈巷议也以引述几句蒙古话为时尚。于是有人分门别类，编成译语。《至元译语》是一种分类词典，共分为22门，总共收录了541条词汇。

  蒙古立国之初，华北通行一种被称为"回回字"的文字。由于回回字很有用，以至于通其字者可以作为翻译而谋生，故而燕京城里"市学多教回回字及鞑人译语"，往往初学者才掌握一点基础知识，便被拉去当翻译。这种回回字应当是畏兀儿文。

但通检元代文献可以发现，在多数场合下元代汉文文献中提到的"回回文"和"回回字"是波斯文，即入华回回人内部的族际共同交际语。由于回回人在色目人中的重要地位，元政府的许多机关内都设有"回回椽史"或"回回译史"等官，以沟通色目大臣与其他民族官员。元代回回字与蒙古文、汉文一起被列为官方文字，元政府还设立专门学校教授回回文。

明代元后，为继续与周边各族、各国往来，需要造就翻译人才，遂于永乐五年（1407年）在翰林院内设置四夷馆，其中包括八馆，曰：鞑靼、女直、回回、西番、西天、百夷、高昌、缅甸。后来又增设了暹罗、八百等两馆，共十馆。1644年满清入关后，全盘接收了四夷馆，并按明制运，唯将其名称改为四译馆。四译馆一直维持到18世纪中叶，后为乾隆帝改纽。

上述四夷馆各馆都编写了番汉双语字典，合称《华夷译语》。15世纪大航海时代以后，随着西方人的东来，清政府于乾隆年间又组织编写了拉丁、英、法等语言与汉语的对应字典，使中国对外语言交往的传统在新的历史条件下得以发展。

吉尔吉斯纺织品图案

撒马尔罕古城阿夫拉昔牙卜遗址中发现的 7 世纪粟特壁画

诗歌和音乐：
>> 超越时空的吟唱

　　匈奴的民歌优美动人。河西的祁连山和燕支山树木茂密，水草丰美，冬暖夏凉，宜于畜牧。汉武帝元狩二年（前121年）西汉击败匈奴，夺取了祁连山和燕支山，匈奴人极为悲伤，作歌悲叹。其词译云：

　　　　失我祁连山，使我六畜不蕃息；

　　　　失我燕支山，使我嫁妇无颜色。[1]

　　歌中"燕支山"的"燕支"既与汉语"胭脂"谐音，又与匈奴单于之妻的匈奴语称号"阏氏"同音。这种谐音造成了一语双关的效果。胭脂是妇女美容的脂粉，匈奴失去了燕支山，有如女儿失去了脂粉，不能打扮得容颜美丽。这首构思巧妙的民歌被历代文人传唱不息。

　　对中原影响最深的匈奴音乐是"胡笳十八拍"。胡笳是匈奴的传统乐器，《后汉书·窦宪传》有"远兵金山，听笳龙庭"之语。胡笳是一种管乐，以羊角制成，上面钻孔，其声给人以悲凉的感觉。东汉末蔡文姬被掳入南匈奴，曾描述这种音乐说："胡笳动兮边马鸣，孤雁归兮声嘤嘤。"胡笳是一种吹奏乐器，与之相配的是鞞鼓。文姬的诗中说匈奴的鞞鼓夜间敲响，喧至天明。文姬博学多才，妙于音律。她在匈奴时留心过胡笳演奏的音乐，归来时把这种音乐带入中原。胡笳传入汉地后受到中原士人的喜爱。晋朝的刘畴和刘琨胡笳吹得很好，能达到匈奴"出塞入塞之声"的效果，匈奴人听之"有怀土之切"。

1《史记·匈奴列传》"索隐"引《西河故事》。

12—13世纪陶盘残片上的东亚面孔人物形象，土库曼斯坦首都阿什哈巴德历史研究所藏

14世纪波斯史家拉施都丁所著《史集》中有关元太祖成吉思汗祖父把儿坛夫妇坐像插图，乌兹别克斯坦塔什干东方研究所藏

曲颈琵琶弹飞天

秦汉时代，中原称匈奴人为"胡"。但进入魏晋以后，"胡"这个词多指粟特人。粟特人是东伊朗人的一支，与我国新疆于阗地区的塞人、咸海周围的花剌子模人有很近的血缘关系。粟特是歌舞之乡，粟特歌舞优美动人，有很强的感染力。"十六国"、北朝时期，西域的许多音乐作品传入中原。这一时期西域音乐传入内地大致经历了两个阶段。第一个阶段是"十六国"时期，后凉的吕光在公元 385 年征服了西域的龟兹（今新疆库车），掳获乐人。北魏平定河西后，龟兹乐传入中原。第二阶段是北魏宣武帝（500—515 年）即位以后。因为宫中的贵族爱好胡声，西域的琵琶、五弦琴、箜篌、胡鼓、铜钹和西域舞蹈在中原逐渐流行起来。爱好胡乐的风气直到北魏灭亡也没有消退，北齐、北周的统治者都好胡舞胡乐。[1]

1 参见周菁葆：《丝绸之路的音乐文化》，新疆人民出版社 1987 年版，第 169—170 页。

敦煌歌舞壁画

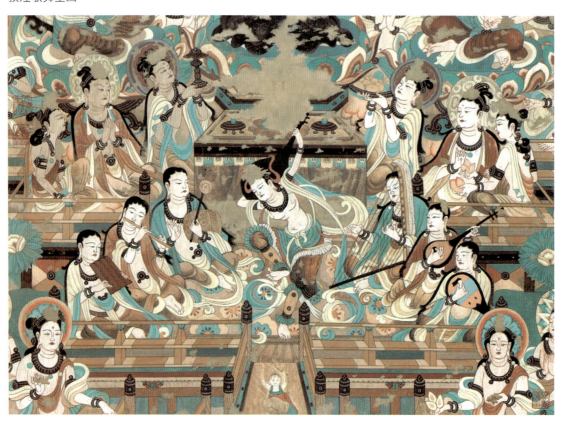

习惯上西域音乐以源出地命名，例如西域文化中心的康国（西域古国，昭武九国之首，今乌兹别克斯坦撒马尔罕）和安国（西域古国，昭武九国之一，今乌兹别克斯坦布哈拉）的音乐分别被称为"康国乐""安国乐"。"康国乐"在周武帝娶突厥皇后时传入，歌曲有《戢殿农和正》，舞曲有《贺兰钵鼻始》《末奚波地》《农惠鼻钵始》和《前拔地惠地》等。"安国乐"的歌曲有《附萨单时》，舞曲有《末奚》，解曲有《居和祇》。康国和安国自古以来是粟特人聚居之地，所以这些曲名应当都是粟特语的音译。

天山南部诸城镇与中原的关系更为密切，北朝时中原最为出名的西域南道音乐有"龟兹乐"和"疏勒乐"。后凉吕光破龟兹后得"龟兹乐"，其声哀怨，如泣如诉。"龟兹乐"中知名者有：歌曲《善善摩尼》、解曲《婆伽儿》、舞曲《小天》《疏勒盐》等。

与外来舞乐一起传入中原的还有乐器。据学者研究，箜篌源于西亚，在东汉时传入中原，这是一种弹拨乐器，在西凉乐、龟兹乐、安国乐中很常用，成为中国人民喜闻乐见的乐器。曹植的乐府诗中就有《箜篌引》，南朝的长诗《孔雀东南飞》中描述，焦仲卿之妻刘兰芝15岁时已经会弹箜篌。最初传入的箜篌是竖式的，后来我国乐师又加改进，创造了卧箜篌。

东汉胡人俑座陶灯，广西贵县出土，广西博物馆藏

东汉胡人俑座陶灯，广西合浦出土，合浦博物馆藏

据《隋书·音乐志》记载，琵琶也非华夏旧器，而是由西域传入。因为琵琶是外来乐器的音译，所以最初并没有固定的译法，在汉代被称为"批把"。琵琶在北朝时已经盛行于中原，敦煌壁画、大同云冈石窟乐舞雕刻中都可见到。这种乐器在我国生根后，迭经改进，又创造出双凤琵琶、龙颈琵琶、大忽雷、小忽雷等。现在琵琶在中国已经完全民族化，成为重要的民族乐器。

在塔吉克斯坦半制肯特城遗址发现的壁画上，有一位沉思地弹拨着琴弦的女竖琴师。同一遗址中还发现了精美的木雕像，是一位舞伎。雕像曲线优美，带有项圈，束带系铃，衣饰华美，与修长的身材十分和谐。这应当就是著名的"胡旋女"形象。1958 年发现的壁画中，有一幅四歌女画，她们身着高腰飘裙，其中一人在弹琵琶。

唐代，大量粟特人入华，把他们的歌舞传入中原，这种歌舞迅速为中原人民所接受。史国（西域古国，昭武九国之一，今乌兹别克斯坦沙赫里沙勃兹）在开元十五年（727 年）向唐进献"舞女"，米国（西域古国，昭武九国之一，今乌兹别克斯坦布哈拉）在开元十七年（729 年）曾向唐朝进献"胡旋女"。

新疆吐鲁番阿斯塔纳墓地
出土唐代舞女俑

何国（西域古国，昭武九国之一，今乌兹别克斯坦布哈拉与撒马尔罕之间）人善歌，北朝时已经闻名中原。《北史·恩幸传》提到过何国艺术家何洪珍父子都曾封王。唐代汉地最著名的何国歌唱家何满子是开元、天宝中人，生活在沧州。元稹有一首诗名《何满子》，说"何满能歌能宛转，天宝年中世称罕"。元稹还描述他唱歌时的神情："定面凝眸一声发，云停尘下何劳算。迢迢击磬远玲玲，一一贯珠匀款款。"白居易也有诗句称颂他："一曲四调歌八叠，从头便是断肠声。"何满子后来获罪被处死，临刑前曾作歌名《何满子》进上，以求免死，但未获批准。他死后，《何满子》这首歌广为流传。唐中宗时的何懿与另一位胡人擅长演唱"合生"，即一种双人演唱，很受欢迎。

米国人也善歌。元和年中（806—821 年），米嘉荣的名声压倒中原一切歌手。他的歌"声势出口心，慷慨吐清音"，其声洪亮"冲断行云直入天"。刘禹锡与之相交甚深，曾赋诗，其中有云："一别嘉荣三十载，忽闻旧曲尚依然。"在《与歌者米嘉荣》一诗中，他说："唱得凉州意外声，旧人唯数米嘉荣。"

地处锡尔河以北草原与绿洲农耕区之间的石国（西域古国，昭武九国之一，今乌兹别克斯坦首都塔什干）人以善舞闻名。《唐诗类苑》卷 64 收有刘言史的《王中丞宅夜观胡腾》，说"石国胡儿人见少，蹲舞樽前急如鸟"。胡腾舞是一种动作明快的舞蹈，演员头戴织成的尖顶"番帽"，身着窄袖胡服。[1]

---

1 参见周菁葆：《丝绸之路的音乐文化》，新疆人民出版社 1987 年版，第 153—164 页。

宋代陈居中绘《文姬归汉图》

西亚宗教:
≫ 不绝如缕地东传

　　"十六国"时代以后,一些起源于西亚的宗教文化向东发展,传入中国。其中主要有摩尼教、祆教、景教、犹太教与伊斯兰教。

波斯帝国都城遗址波赛波里斯石刻上的祆教主神阿胡拉马兹达

祆寺内供奉的代表光明的长明火

祆　教

祆教（Zoroasterism）在中国历史上又被称为波斯教、火祆教、拜火教等，今天又被称为琐罗亚斯德教，这是以教主名称命名的。祆教的教义可概括为信奉善、恶两宗，这是一种典型的二元论宗教。祆教所崇奉的善端（Niki）是火、光明、创造与生活，其最高神为阿胡腊玛达，乃智慧之神，是世界善事之主宰。祆教中的恶端（Badi）是黑暗、污浊、破坏与死亡，其最高代表为安赫腊曼纽，是一切恶的创造者。

北朝时中国人已经知道萨珊波斯信奉祆神。《魏书·波斯国》云："波斯国……俗事火神、天神……"祆教很早就传入我国西域和北方民族，北魏时传入中原。唐代祆教继续在中国内地流传，长安有四所胡祆寺。中国内地的祆教首领，汉文文献称之为萨宝、祆正、祆祝、穆护等。唐政府仿北朝、隋旧制，给祆僧评定官阶品级。甘肃武威市博物馆收藏有一块唐初的祆教徒墓志，墓主名阿达，是康国人，其祖父名扶达棵，担仕凉、甘、瓜三州诸军事，凉州萨宝，负责祆教徒的宗教事务，死后被追赠为武威太守。

唐武宗会昌五年（845年），朝廷利用回鹘汗国灭亡之际，宣布罢黜佛法，并毁外来诸教，祆教遭到排斥。祆教僧在伊朗语中被称为mugh，中国音译为"麻葛"或"穆护"。《唐会要·毁佛寺》记："勒大秦穆护祆三千余人还俗。"[1] 可见至唐末中原至少已经有祆徒数千人。祆教虽然在唐武宗时遭到禁断，但至两宋时代，中国各地尚存有一些祆寺。[2] 从目前资料看，中国内地的祆教徒似以入居汉地的西域人及其后裔为主。其流行范围除了西域和北方民族以外，以河西、关中、中原为主。

---

1 并见《唐大诏令集》卷一一三；李德裕：《会昌一品集》卷二十；《新唐书·食货志》；《资治通鉴》卷二四八，会昌五年条。
2 参见陈垣：《火祆教入中国考》，载《陈垣学术论文集》第一集，中华书局1980年版；王素：《魏晋南朝火祆教钩沉》，《中华文史论丛》1985年第二辑，第225—233页；龚方震：《西域宗教考》《祆教在蒙古》《西藏之祆教》，《中华文史论丛》1986年第二辑，第259—273页。

章怀太子墓外番使臣入贡壁画

摩尼教

摩尼教也是一种以教主名字命名的宗教。摩尼（Mani）于公元216年4月14日生于美索不达米亚（Mesopotamia），即巴比伦的苏邻国（Suristan）。其父亲跋帝（Patig）在安息王朝末年从故乡迁至美索不达米亚。而其母亲满艳（Maryam）所出氏族金萨犍种（Kamsarakan），是亚美尼亚4世纪史家经常提到的名门贵族。

摩尼年轻时研究过神学、祆教、基督教和其他宗教。他认为从前各教先知们的教诲都是不完善的，先前的各种宗教只在局部地区有作用，例如，祆教行于波斯，佛教行于东方，基督教行于西方，而唯有摩尼教才是置之四海而行之有效的真理。摩尼教是一种二元论宗教，其核心是"二宗""三际"说。"二宗"即明暗二宗，此为世界的本始，指一切事物都含有善、恶两端。"三际"指世界发展的三阶段论。

摩尼教在中国被称为明教或明尊教，又音译为末尼教、牟尼教、末摩尼教、妈妈尼教等。《佛祖历代统记》卷三十九载，唐武后延载元年（694年），波斯人拂多诞等携"二宗经"入唐。这是中国史籍初次提到摩尼教。但实际上，摩尼教传入中国民间的时间可能早于此。[1] 开元七年（719年），吐火罗支汗那国王又派"解天文人大慕阇"入唐，要求为之设置寺院供养。其人智慧幽深，问无不知。乞伏天恩唤取慕阇亲问臣等事意及诸教法。知其人有如此之艺能，望令供奉，并置一法堂，依本教供养。但不久，开元二十年（732年），唐政府下令禁摩尼教，认为"末摩尼本是邪见，妄称佛教，诳惑黎元，宜严加禁断"。

---

1 参见林悟殊：《摩尼教入华年代质疑》，收于作者文集《摩尼教及其东渐》，中华书局1987年版，第46—63页。

粟特壁画线描图

宋代赵光辅绘《番王礼佛图》

　　"安史之乱"中，唐邀请回纥出兵平叛。据毗伽可汗碑的汉文碑文记载，公元763年回鹘牟羽可汗在东都洛阳驻军时，有一位摩尼都高僧带了四位摩尼师入见，他们"阐扬二祀"（即二宗），"洞彻三际"，还精通摩尼教的主要七部经典，又"才高海岳，辩若悬河"，于是回鹘贵族纷纷表示信服。[1]在回鹘文《牟羽可汗入教记》残本中，亦记载牟羽可汗接受摩尼教之事。[2]唐政府因之改变过去禁止摩尼的做法，于大历三年（768年）"敕回鹘奉末尼者建大云光明寺"[3]。

　　公元840年回鹘汗国灭亡后，唐武宗下旨毁佛禁教，摩尼教虽然也被禁，但在江淮一带民间仍然流行。现在有据可查的宋元时代的摩尼教寺院有四明（今浙江宁波）的崇寿宫、温州平阳之潜光院、福建泉州石刀山摩尼寺、泉州华表山摩尼草庵。五代、宋、元、明、清时，中国各地出现的民间秘密宗教组织，如明教、白莲教等，均与摩尼教有关系。公元920年和1120年，摩尼教徒发动了母乙和方腊起义。现存的摩尼教遗迹有敦煌摩尼教壁画、吐鲁番的摩尼教寺院和泉州的摩尼草庵等。20世纪50年代，考古学者在泉州发现了一块汉文和聂思脱里突厥文合璧石碑，提到一位名叫"马里失里门·阿必思古八·马里哈昔牙"的人，受命"管领江南诸路明教、秦教等"。明教即摩尼教，秦教即聂思脱里教。这说明摩尼教在元代仍然是得到官方承认的一种宗教。而在甘州、西州的回鹘人中，摩尼教也流传了很长时间。

1 参见罗振玉校补《和林金石录》。
2 见新发现的《牟羽可汗入教记》残本，载邦格和葛玛丽《突厥文吐鲁番卷子第二》（W.Bang und A.von Gabain, *Türkische Turfan Texte*），第7—9页。此据《维吾尔史料简编》上，民族出版社1981年版，第38页。
3 《佛祖统纪》卷四十一，大正新修《大藏经》本。

景 教

　　景教又被称为波斯经教、秦教等，是我国唐代对基督教聂思脱里派的称呼，元代被称为聂思脱里。这个教派现在几乎已不存在了，但在古代东方有相当的影响，其教徒推选了东方教会独立的大主教。7 世纪阿拉伯征服以后，东方教会将总部迁至报达城（今巴格达），积极向东传教，派出传教士在从美索不达米亚直至中国沿海的广大地域内活动，管辖着 25 个主教教区，直到 1370 年才被帖木儿领导的军队所瓦解，在中亚和远东的全盛时期至少有 600 年之久。

　　明熹宗天启五年（1625 年），在西安市西郊发现了《大秦景教流行中国碑》。该碑立于唐德宗建中二年（781 年），以黑色石凿成，碑首有十字架花纹。其正面铭文为汉文，约 2000 字，碑底左右两侧以叙利亚文镌刻 70 位景教僧侣的名字和职称。今存西安碑林博物馆。

　　碑文简介了景教的基本信仰，讲述了大秦国主教阿罗本于贞观九年（635 年）来到长安，受到唐太宗礼遇。太宗不但派出宰相房玄龄率仪卫到长安西郊隆重接待，而且让阿罗本等人在皇帝的藏书楼翻译圣经，还在皇帝的内宫讨论经义。3 年后，即贞观十二年（638 年），太宗下旨准其"传授"，并由政府资助在长安义宁坊建造"大秦寺"。当时景教被称为"波斯经教"。"经"即指《圣经》。据北宋王溥记载，当时寺中已有教士 21 人。[1] 虽然景教碑说唐太宗下诏所建的寺叫作"大秦寺"，但实际上它初建时曾被称为"波斯寺"，而当地群众则称之为"波斯胡寺"。[2] 直至天宝四年（745 年）九月，玄宗才下令改其名为大秦寺。[3]

1 参见《唐会要》卷四十九。
2 参见宋敏求：《长安志》卷一。
3 参见《唐会要》卷四十九。

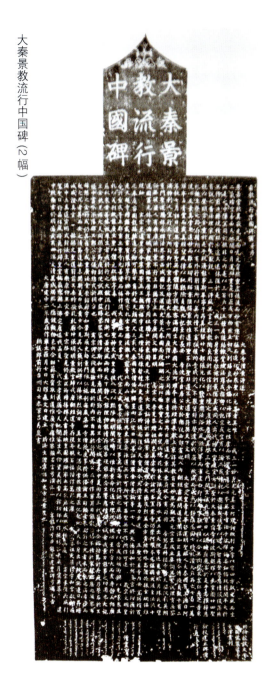

大秦景教流行中国碑（2 幅）

景教十字纹铜印牌，山东博物馆藏

该碑还记，高宗时，景教已发展到长安以外的地方，阿罗本被封为"镇国大法主"。唐玄宗曾命弟兄亲王5人到大秦寺中设立神坛，并修缮寺中建筑。他还命高力士于公元742年送去5位先皇——高祖、太宗、高宗、中宗、睿宗的画像，安置于大秦寺内，并赐绢百匹。当时波斯又来了一位传教士和佶（George，即乔治）任主教。玄宗曾召集传教士罗含（Abraham，今译为亚伯拉罕）、普论（Paul，"保罗"之音译）等17人与新主教和佶一起到兴庆宫"修功德"，即做礼拜，玄宗还亲笔题写了寺名匾额。碑文记唐肃宗在灵武等五郡建立了其他几所景教寺；代宗每逢自己诞辰日便赐景教僧御食。

建碑出资的功德主是"王舍城"，即阿富汗巴里黑（Balkh）的教士伊斯（Yazedbuzid），其父为景教僧珉礼（Milis）。伊斯官至金紫光禄大夫，朔方节度副使，也是试殿上的副使，接受过皇帝赐予的紫袈裟。郭子仪总兵于朔方时，伊斯从行。他把自己的俸禄和受赐物品都献出来，其中有皇帝赐予的颇黎（按，即玻璃器）和金钱，用于修缮大秦寺，碑文撰写人为其子景净。

唐武宗禁佛诏旨下达后，籍为民的"大秦穆护、祆二千余人"[1]。此后景教虽然在中国内地逐渐消声匿迹，但在北方草原和西北地区得到广泛的传播。

辽金元时代，景教的名称不再使用，改称聂思脱里教或秦教，先后信其教的有居于金界壕附近的汪古部、蒙古高原中部的克烈部、居于按台山至也儿的石河地域的乃蛮部、定居在东部天山南北的畏兀儿人和占据亦列河、垂河及塔剌思河的哈剌鲁人，其中最著名的是汪古部。基督徒被称为迭屑或帖里薛，这是波斯语 tersā 的音译，原意为"畏惧"，指遵从上帝，是波斯对基督徒的传统称谓，在前述《大秦景教流行中国碑》中被译作"达娑"，指修士。此外，基督徒又被称为也里可温。

1《新唐书·食货志》。

泉州阿拉伯文墓志

基督教八思巴文墓碑石，1985 年泉州出土，泉州海外交通史博物馆藏

　　元代管领也里可温教的政府机构是至元二十六年（1289 年）建立的宗福司，秩从二品，"兼领马儿·哈昔、列班、也里可温、十字寺祭享等事"[1]。马儿·哈昔是叙利亚文 Mar（圣）haoia（使徒）的音译，为对聂思脱里教大德（主教）的称呼，在其他汉文史料中，它有时也被译为马里·哈昔牙。[2] 列班是叙利亚文 Rabban 的音译，原意为决师，是对聂思脱里僧侣的敬称，他们与其他宗教教士一样，享有免除差发的优惠。分布在全国各地的也里可温掌教司，一度达到 72 所。元代聂思脱里教从西北地区重新传入内地，大都、西北地区乃至江南沿海各地都有信徒。大都是元代的政治中心，因而成为基督教各派争相活动的地区。聂思脱里教徒在大都势力颇大，大都附近房山三盆山十字寺遗址一直保留到现代。

1《元史·百官志五》。
2 参见梁相：《大兴国寺记》，《至顺镇江志》卷九；夏鼐：《两种文字合璧的泉州也里可温（景教）墓碑》，《文物》1981 年第 1 期，第 59—62 页。

基督教墓石垛，泉州海外交通史博物馆藏

基督教四翼天使墓碑石，泉州海外交通史博物馆藏

在江南地区传播聂思脱里教最重要的人物是撒马尔罕人马薛里吉思，是马可·波罗的友人。他于至元十四年（1277 年）任镇江府路总管府副达鲁花赤，在任期间先后建教堂 7 所，其中 1 所在杭州。镇江的几所寺院中最著名的是"大兴国寺"，这些聂思脱里寺院的"常住"田产共计官、民田 70 余顷。记录马薛里吉思事迹的梁相《大兴国寺记》，是迄今所知反映元代汉族人对于聂思脱里教认识的唯一书面文献。其全文今已不存，仅在《至顺镇江志》卷 9 中保存了它的详细摘要。镇江一带是江南聂思脱里教的一个重要基地，除马薛里吉思所建者之外，这里还有其他基督徒修建的若干所十字寺。另据鄂多立克报道，与镇江一江之隔的扬州也有 3 所聂思脱里教十字寺。马薛里吉思建立在杭州的教堂，汉名大普兴寺，番名"样宜忽木剌"，即突厥－叙利亚文 Yāngi Umra，意为新寺，其地点在荐桥以东。入明以后，被改成了"三太傅祠"。[1]

汪古部首领是成吉思汗家族的驸马，他们名声传播得很远。11 世纪以来，西欧封建主组织的十字军一直与占据中近东的穆斯林争夺对耶路撒冷的控制权。蒙元王朝兴起后，欧洲人听说遥远的东方有一支基督徒的武装，一直希望与之结盟。元代教廷派到大都来的主教孟特高维奴与汪古部首领阔里吉思建立了密切联系，还为他的儿子洗了礼，并起名为约翰，汉文写为"术安"。[2]孟特高维奴还派出教士安德烈赴泉州，支持一位当地亚美尼亚人的兴教活动。安德烈的墓碑至今保存在泉州海外交通史博物馆中。大都另一群基督徒是来自高加索地区的阿速人。他们在孟特高维奴去世后，向教廷遣使，要求再派主教来。后来教廷派出马黎诺里出使，在元顺帝时到达中国。

1 参见田汝成：《西湖游览志》。
2 参见道森：《出使蒙古记》，吕浦译，周良霄注，中国社会科学出版社 1983 年版，第 224—227 页。

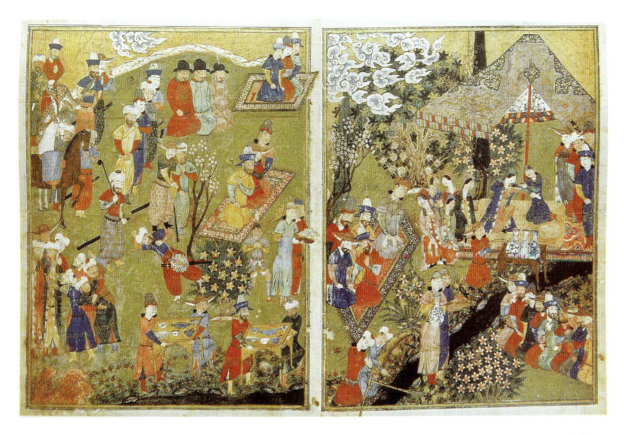

伊斯兰工笔画所绘各国人士宴饮场景

饮食风俗：
>> 民间文化的交融

长安城内胡饼香

　　长安是汉、唐两朝的政治、经济和文化中心，它是在秦帝国首都咸阳的基础上发展起来的。在波斯和其他古代西域文献中，在相当长的历史时期里，长安被称为Khumdam，据现代学者研究，这是汉和汉以前"咸阳"的读音。

　　长安城在唐代达到其全盛时期：周围约 35 公里，人口约 100 万，市坊整齐，店肆林立。西域人和北方民族大量移居长安，使长安的市面也变得国际化。西域胡人开设的酒肆，多集中于西市和春明门到曲江池一带，常以西域姑娘为侍女，极富异域特色，被称为"胡姬酒肆"，是当时雅俗人士爱去的场所，许多文人骚客光顾过这类西域人的酒店，并留下描绘它们的诗篇。唐代长安胡食十分流行，以至开元以后，"贵人御馔，尽供胡食"[1]。

1《旧唐书·舆服志》。并见王子辉：《唐代长安的"胡姬酒肆"》，载《烹饪史话》，《中国烹饪》丛书，中国商业出版社 1986 年版，第 105—107 页。

中外交往的发展使异域的食品大量涌进中国内地。在北朝时，《齐民要术》就记载了许多域外食品及其制法，例如藏胡瓜法、胡饭法、胡羹法等。在胡食中最著名的要数胡饼，它是用发酵面粉在炉内烤制的食品。现代在新疆以及中亚各国、南亚信奉伊斯兰教的巴基斯坦、孟加拉国、波斯湾地区皆以波斯语 Nān 称呼之，在汉文中写作"馕"。汉代通西域后，胡饼就随入居汉地的胡人在中国内地落户，今天流行全国的烧饼就是其中的一种。据《太平御览》引《续汉书》记载东汉末年的灵帝喜好胡饼，京师贵戚皆竞食胡饼。书中还引《魏志》的记载，说汉末赵岐避难逃至河间，又转到"北海"，"常于市中贩胡饼"。吕布军乏食时，百姓曾作"万枚胡饼"劳军。

到唐代胡饼更为流行。据《隋唐佳话》记载，刘晏五更天起来上朝，寒意犹在，遂在途中热气腾腾的胡饼店里买胡饼吃，感到其滋味"美不可言"。日本僧人圆仁在《入唐求法巡礼行记》中曾提到他在长安受"赐胡饼寺粥，时行胡饼，俗家皆然"。胡饼又称"胡麻饼"，白居易曾在他的诗《寄胡麻饼与杨万州》中描写道："胡麻饼样学京都，面脆油香新出炉。寄与饥馋杨大使，尝看得似辅兴无。"白居易买的这种胡麻饼就是今天的酥烧饼。[1]

---

1 黄永年：《古都话饼》；王子辉：《胡麻饼小考》，均载《烹饪史话》，《中国烹饪》丛书，中国商业出版社1986年版，第108—109、471—472页。

哈萨克族传统零食

吉尔吉斯族传统食品

　　胡饼的品种很多，其中有许多是带馅的。《齐民要术》有"作烧饼法"，说用"面一斗，羊肉二斤，葱白一合，豉汁及盐熬，令熟，炙之，面当令起"。这是一种不敷芝麻的烤羊肉馅饼。

斋饭素食 1

斋饭素食

素食在我国有悠久的历史。先秦以前，有钱有势的人常吃肉，穷人则基本上以谷菜为食，所以《左传》有"肉食者鄙"的记载。《庄子》记孔子弟子颜回语，"回之家贫，唯不饮酒、不茹荤者数月矣"。《汉书·王莽传》记载，西汉末年"每有水旱，莽辄素食"。太后闻之十分不安，遣使劝说："闻公菜食，忧民深矣。"可见穷人的饮食主要以"瓜菜代饭"。

佛教主张素食。释迦牟尼的一个弟子提婆达多，主张佛教徒应艰苦修行，不吃乳、蛋、鱼、肉。不过佛家说的"荤"除了指动物性食物以外，还包括有刺激性气味的蒜、阿魏、芸薹、茺薁等。究其原因，其一是戒杀放生，如《入楞伽经》卷八部："若一切人不食肉者，亦无有人杀害众生。"同书卷六说："凡杀生者多为人食，人若不食，亦无杀事，是故食肉与杀同罪。"其二是慈悲原则。《大般涅槃经》中提到："其食肉者，若行若住若坐若卧，一切众生闻其内气悉生恐怖。"其三是修行目的。汉传佛教认为，食肉之人会断灭慈悲心，与佛教修行的目的格格不入，即"凡是肉食，于出家人悉是不净"。[1]

传入中国内地的佛教主要是大乘佛教，僧人受菩萨戒，在许多经文中反对饮酒、吃肉和食"五辛"，认为"酒为放逸之物"，有所谓"饮酒十过""饮酒三十五过""饮酒三十六失"之说；认为"肉是断大慈之种"，吃肉必杀生，悖逆佛家"五戒"等。因此佛教传入汉地以后，中国饮食中过去穷人的"素食"，与佛教教义结合起来，形成了以"斋食"为基础的素食。这种素食继承了佛家不杀生和提婆达多学派的素食主义，但又与中国的国情结合起来，特别是汉代淮南王刘安发明了豆腐之后，素食的营养大大提高，这样就产生出一个不同于世界其他地方素食的饮食流派，同时又吸收了道家的教规，把韭菜也列入"荤"菜，用中国的烹饪方法加工食品。不过实际上民间的素食并不忌讳使用上述这些有"荤"味的蔬菜。

---

1 曹文斌、陈升磊：《中国汉传佛教素食传统形成》，《中国宗教》2010 年第 7 期，第 47 页。

斋饭素食 2

除了僧人以外，社会上还有不少受佛教影响而居家修行的人，这就推动了素食在中国社会的传播。南朝梁武帝时制作素食的水平已经有了很大发展，南京建业寺的一位僧厨能用瓜做十几种菜，每种蔬菜可以做出十几种口味。《齐民要术》中"素食第八十七"专列一章，列举了"葱韭羹""瓠羹""膏煎紫菜""油豉"等 11 种素食，使用的原料有冬瓜、瓠、韭、芹菜、菌子、茄等，调料有葱、姜、桂皮、花椒、豆豉、盐、麻油和蜜等，可以看出当时的素食已经相当精致。明清以后，民间素食的发展基地一般都在寺院中。我国民间的"腊八粥"就是素食的一种，又被称为"佛粥"。而素馅的包子则被称为"酸馅"。

元代以前，素食中"象形菜"的流派发展起来。据元代成书的《居家必用事类全集》记载，当时的素食中已经有以荤食命名的，追求形似荤食的各色名目，如"素灌肺"是以刀功求块似肺样，"两熟鱼"是以手捏之法，求菜有鱼馅，其重点都在追求菜之外形。另外，以鳝鱼命名的菜，需要"洒颜色水"，使菜具有鳝鱼的颜色。

清代以来，素食中的"象形菜"与"仿真菜"得到进一步发展，出现了用山药、腐皮制作的"素烧鸡"、用藕做的"红烧排骨"，还有"素火腿""菊花海参""荷花鱼翅"等诸多"仿荤"素菜。不过从用料上看，当时的"仿荤"多为形似。当代，素菜有了更大的发展，仿真可达形神兼备的程度，有以假乱真的效果，滋味之美简直可与荤食比肩了。

审美观：
》》中国美术的西传

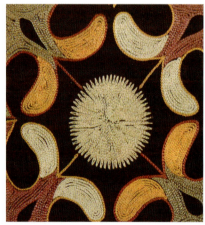

吉尔吉斯纺织品图案

　　《通典》作者杜佑的族侄杜环，曾在唐安西都护高仙芝军中。公元751年怛罗斯之战唐军战败后，大量唐军被俘，杜环亦在其列。他被阿拉伯人押往阿拉伯，在那里生活了约十年。杜环于唐代宗宝应元年（762年）搭商船归国后，著有《经行记》，记其大食之行。值得注意的是，杜环在《经行记》提到，他在大食看到不少中国人，其中有京兆画匠樊淑、刘泚，虽然只提到了两人，但足以证明唐代大食有中国画师，可惜的是他们的作品没有流传下来。

　　公元7—8世纪，中亚与西亚伊斯兰化以后，"细密画"（miniature，即伊斯兰工笔画）发展起来。早期的伊斯兰工笔画带有希腊、叙利亚与拜占庭风格，看不到多少中国绘画的影响。伊斯兰工笔画与中国画均依靠线条造型，原本就有共同之处。13世纪成吉思汗及其子孙率领的蒙古军横扫西亚，同时也使中国绘画的传统影响波斯。一种新风格新的伊斯兰工笔画首先在元世祖忽必烈之弟旭烈兀及其后裔统治的波斯发展起来。[1]有学者评价：1256—1335年，波斯工笔画在中国绘画流入后，逐渐脱离了早期所受西方拜占庭艺术的影响，在中国艺术的影响下，发生了彻底变革。[2]

　　学者们比较了13—16世纪伊斯兰工笔画与中国绘画后发现，这种画无论在环境的处理、山水背景还是草木花卉的画法上，都借鉴了中国绘画的技法。[3]有学者概括为：总体上，波斯工笔画在构图、样式、空间观念和书法用笔方面，反映了中国绘画的传统。"一些从中国来的铜器和织品上的图案、母体，也被波斯画家们关注和运用。中国画的岩石、山川、云彩及用线诸画法，总能在一个时期的波斯细密画中找到蛛丝马迹。中国的一些花卉图案，如牡丹、荷花被带入了波斯艺术。中国水墨画的清淡雅致的色调，也产生了一定影响"[4]。

---

1 参见周菁葆：《伊斯兰细密画中的中亚画派》，《新疆艺术学院学报》2007年第5期，第1—3页。
2 参见孙明明：《西亚绘画中的中国印迹》，《艺术探索》2011年第5期，第139—140页。
3 参见吴晓玲：《浅议中国绘画艺术对伊朗细密画的影响》，《兰州交通大学学报》2006年第2期，第47页。
4 王秀华：《东方的优雅——论中国绘画对波斯细密画的影响》，《美术史研究》2010年第2期，第78页。

伊斯兰工笔画所绘蒙古贵族

现存最早的伊利汗时代波斯古代寓言《卡里莱与苗木乃》中的插图，在花草、树木、山川及动物的造型上，明显带有中国南宋绘画艺术的特点。而同属早期的拉施都丁《史集》的插图中的树木、山川和景色的画法，则完全是中国元代绘画艺术的翻版。西方学者认为，这是波斯画家刻意学习中国画技法的结果。这种学习的风气，一直延续到伊斯兰工笔画的黄金时期。

不少学者注意到波斯工笔画中的人物脸型。有人指出："波斯人多属欧罗巴人种，外表特征为高鼻深目，轮廓起伏分明，脸型瘦长，完全不同于汉族、蒙古族的脸型。而令人奇怪的是，在波斯工笔画中常出现丰满、扁平的东方人的圆脸。更确切地说，是属于蒙古人种的形貌：鲜艳的圆脸，斜睨的眼睛。这样的人物形象在波斯细密画中大量出现。"在大不里士画派作品中，多数人物是"蒙古人形象，连穿戴衣饰皆是蒙古式"[1]。

还有学者指出，这种画的人物形象上，许多也带有明显的远东人的特征，如有的人物衣着是波斯的，可相貌却是中国人的，甚至使人难以分辨这些作品到底出自波斯画师还是中国画师之手。[2]有学者注意到，这种画的人物"面孔线条粗犷，多半是蒙古人的脸形，衣服上的莲花图案和巨大的牡丹花背景也是中国画的风格"[3]。一幅作于1530年的《斜倚的王子》，"人物头扎白巾，贵胄华冠，俨然一位波斯王子的装束，可是有趣的是，他却生着当地少见的圆脸，肌肤丰满，具有中国式的古典"[4]。

波斯工笔画中的人物画画面表现的主人公被绘为中国人特有的圆形脸庞的传统，一直传承至帖木儿王朝时期。该王朝的首都哈烈与重要城市撒麻耳干成为当时波斯伊斯兰工笔画的创作中心，其作

---

1 毛君炎：《萨法维王朝时期波斯细密画》，中央美术学院硕士论文，1987年，第30页；兹据王秀华《东方的优雅——论中国绘画对波斯细密画的影响》，《美术史研究》2010年第2期，第80页。

2 参见吴晓玲：《浅议中国绘画艺术对伊朗细密画的影响》，《兰州交通大学学报》2006年第2期，第47页。

3 周菁葆：《伊斯兰细密画中的中亚画派》，《新疆艺术学院学报》2007年第5期，第1—3页。

4 王秀华：《东方的优雅——论中国绘画对波斯细密画的影响》，《美术史研究》2010年第2期，第80页。

伊斯兰工笔画所绘中国高官

品体现了报达传统和中国画风的进一步融合。《斜倚的王子》画面上的人物霍思鲁与西琳这一对恋人，穿戴的是波斯风格，但面孔却是中国人面形，以至专家也难以判定究竟是波斯画家画的中国画，还是中国画家画的波斯画。法国国立艺术馆所藏《穆罕默德启示录》中的插图中，云彩是灵芝式的，天使是中国人的圆脸，而先知和他的弟子们则是典型的阿拉伯人。巴黎装饰美术馆所藏《三卷诗》手抄本，插图大约作于 1430 年，作者为起儿漫尼。格鲁赛这样评价：它是哈烈画派中的精品，"在人物和花卉上都可爱地混合了中国明代绘画的秀丽和波斯绘画的优雅"。其中有一幅是描绘胡马（Humay）与中国公主在花园内见面的场景，画中的王子与公主、侍者皆是中国样貌——圆脸、细眼、弯眉，文弱秀丽，无论是人物塑造的风格还是花园景致，均体现了中国绘画影响。[1] 其作者有可能是访问过明朝的画师火者·盖耶速丁。[2] 有学者认为此画创作于明宣德时期。[3]

1 参见王秀华：《东方的优雅——论中国绘画对波斯细密画的影响》，《美术史研究》2010 年第 2 期，第 78 页。
2 参见周菁葆：《伊斯兰细密画中的中亚画派》，《新疆艺术学院学报》2007 年第 5 期，第 1—3 页。
3 参见孙明明：《西亚绘画中的中国印迹》，《艺术探索》2011 年第 5 期，第 140 页。

宋代夏圭绘《溪山清远图》（局部）

在空间布局上，宋代郭熙的《林泉高致》《山水训》中谈到"山形步步移""山形面面看"的观察方法，就是说中国画家在画自然景观时，其视野是流动的，并不固定于一处。波斯工笔画也往往存在多个焦点。[1]

波斯工笔画的特点，集中体现在旭烈兀子孙所建立伊利汗王朝的都城大不里士画派的作品中。合赞汗在位时，命宰相拉施都丁在该城附近建造了一所以其名字命名的艺术城"拉施迪耶"，波斯与外国艺术家都在那里工作，这是伊朗有史记载的第一所官方画院。据拉施都丁记载，当时"各种信仰和民族的贤人、占星家、学者和史家"，如汉人、南人、印度人、克什米尔人、吐蕃人和畏兀儿人以及其他民族如突厥、阿拉伯、富浪（即欧洲人）等，"群集侍奉于如天的陛下"。[2] 作者将汉人与南人列为序事之首，可见他们的影响力。[3]

那里的画家为拉施都丁所编写的《史集》绘制插图。现存出自该画院的《史集》插图本有两种：一种藏于英国爱丁堡大学图书馆，插图绘于1307年，有70幅插图；另一种藏于英国伦敦皇家亚洲学会，插图绘于1314年，有100幅插图。[4] 伊朗学者认为这些插图明显受到中国绘画的影响，主要体现在线条的勾勒和局部的构图上，而人物排列的方式和动作、平衡对称的整体构图方式是伊朗式的。"尽管山峦、云彩、水面的画法规则采用中国的，但完全以一种非中国的方式将空白处全部填满"。[5]

1 参见吴晓玲：《浅议中国绘画艺术对伊朗细密画的影响》，《兰州交通大学学报》2006年第2期，第47页。
2 参见［波斯］《史集》第1卷第1册，余大钧、周建奇汉译本，商务印书馆1986年版。
3 参见穆宏燕：《中国宫廷画院体制对伊斯兰强国富民画艺术发展的影响》，《回族研究》2015年第1期，第60页。
4 参见穆宏燕上引文，第60页。
5 ［伊朗］鲁因·帕克巴兹：《伊朗绘画》，德黑兰扎林与西敏出版社2009年版，第61页；兹据上引穆宏燕文，第60页。

  一幅流传于 13 世纪末至 14 世纪初合赞汗时的抄本《动物寓言》中有 94 幅插图，从中可看出作者不同程度地借鉴了中国绘画的技法和观念，如山水画中山水背景画面渐趋空旷，绘画空间似乎在画面背后继续延伸，不受边框局限。此外，当时的一些史书插图也显示出对中国卷轴和叙事性插图的改编。这些改编保留了中国原作的柔和色调与线条性特征，但对风景简化了基本形式，凝固为程式化的山石、树木、水文等装饰性因素。[1] 也有学者认为，波斯伊斯兰工笔画中常表现的云、水、火形象，基本上就是中国画中该形象的翻版。[2]

  法国学者格鲁赛（ Rene Grousset ）指出，在法国国立图书馆所藏的拉施都丁《史集》的抄本中，这种中国 – 蒙古影响体现得更为直接确凿，在窝阔台合罕接待使臣、蒙哥合罕及其嫔妃和拖雷汗的九子等画中，中国影响占有无可争辩的地位。这些成吉思汗家族的肖像画中，都谨守着远东艺术的法则，而技法则全部是中国式的。[3]

1 参见孙明明：《西亚绘画中的中国印迹》，《艺术探索》2011 年第 5 期，第 139 —140 页。
2 参见关晓玲：《浅议中国绘画艺术对伊斯兰细密画的影响》，《兰州交通大学学报》2006 年第 2 期，第 47 页。
3 参见 [法] 雷奈·格鲁赛：《近东与中东的文明》，常任侠、袁青译，上海美术出版社 1981 年版；兹据上引孙明明文，第 140 页。

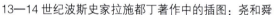

13—14 世纪波斯史家拉施都丁著作中的插图：尧和舜

13—14 世纪波斯史家拉施都丁著作中的插图：夏禹王

　　永乐年间，帖木儿王朝统治者沙哈鲁在位时期，其子白松虎儿于 1422 年派遣画师火者·盖耶速丁出使明朝。他回国时，带回了许多中国画。这些作品据称后来启发了伊朗历史上最杰出的伊斯兰工笔画家贝赫札德。[1] 白松虎儿《列王纪》插图本是盖耶速丁从明朝归来后绘制的，有明显的中国元素，例如其中一幅画"《古尔纳尔与阿尔戴细尔相见》中，画面前景宫廷院墙上停歇的两只喜鹊明显具有中国宫廷工笔画的特征"[2]。16 世纪大不里士画派中还有声称临摹过李龙眠作品的画家苏丹·穆罕默德。[3]

　　伊斯兰工笔画中来自中国影响的另一个特点是，常出现来自中国的主题。龙的图案传入中亚很早，与中国不同，龙与凤不与性别挂钩，因此画中波斯王子服饰中也可能出现凤的图案。学者们还发现"大不里士的艺术家过于刻画这些图案，以致其完全改观，不再具有传统中国图案的祥和意味。在一幅大的蓝色龙纹图案中，我们可以看到这种熟悉的图案和它的意义演变：黑色墨线勾勒出动植物的细节"，"一条龙盘踞的构图的中心，上面有双鹤，这些在中国看来是祥瑞的象征，在这里却充满杀气，给人的感觉是，他们之间似乎在进行着一场永恒的搏斗。在波斯也有龙的神话，但是龙在这里往往被作为一种凶险的象征。

1 参见吴晓玲：《浅议中国绘画艺术对伊朗细密画的影响》，《兰州交通大学学报》2006 年第 2 期，第 47 页。
2 穆宏燕：《中国宫廷画院体制对伊斯兰强国富民画艺术发展的影响》，《回族研究》2015 年第 1 期，第 62 页。
3 参见王秀华：《东方的优雅——论中国绘画对波斯细密画的影响》，《美术史研究》2010 年第 2 期，第 79 页。

13—14 世纪波斯史家拉施都丁著作中的插图：西楚霸王
项羽和汉高祖

13—14 世纪波斯史家拉施都丁著作中的插图：金代诸帝

从外观上看，这三种'瑞兽'的形象与组合比较明显是来自中国绘画传统图案，只是它们的象征涵义和之间的组合生发出了新的关系，这正是艺术传播过程有趣的本地化阐释和再创造"。[1]

伊斯兰工笔画所绘人物除了脸庞是东亚人的圆脸之外，还出现纯粹中国的人物，如和尚、仕女。在《史集》的《中国史》中，包含大量中国帝王的画面，从三皇五帝到辽金宋诸帝，但人物的着装均为金宋装扮。甚至还有一幅画，主题为中国人赶着一辆车，装载瓷器售卖。

伊斯兰工笔画在 16 世纪传播到印度莫卧尔王朝和奥斯曼帝国，繁盛时间长达 500 年[2]，其接受中国的影响，大多是体现在形式上对某些因素的学习，其影响主要以工笔画为主。[3]

1 王秀华：《东方的优雅——论中国绘画对波斯细密画的影响》，《美术史研究》2010 年第 2 期，第 81 页。
2 参见穆宏燕：《中国宫廷画院体制对伊斯兰强国富民画艺术发展的影响》，《回族研究》2015 年第 1 期，第 39 页。
3 参见王秀华：《东方的优雅——论中国绘画对波斯细密画的影响》，《美术史研究》2010 年第 2 期，第 81 页。

沙漠驼队

人物群像篇

法显：西行 14 年的求法高僧
玄奘：《西游记》里的原型人物
海屯一世：穿越中亚的基督教国王
普兰·迦儿宾与鲁不鲁克：13 世纪来自欧洲的使者
孟特高维奴：在元朝建立教堂的西方教士
克拉维约：来自西班牙卡斯蒂利亚王国的特使

法显像

法显：
》》西行14年的求法高僧

法显是我国古代为数众多的西行求法高僧之一，但他又是少数几位称得上的著名世界旅行家之一。法显是"十六国"时代人，俗姓龚，3岁出家。他在长安学习佛法的过程中，深感律藏图书的缺乏，求知欲望无法满足，遂与僧人慧景、道整等人相约，一同西行天竺求法。法显一行于后秦姚兴弘始二年（400年）[1] 前后从长安出发，翻越陇山进入鲜卑族首领乞伏乾归建立的西秦国境，在那里度夏。秋季经青海东部，越养楼山（祁连山）至河西走廊的张掖，当时这里属鲜卑秃发部建立的南凉政权管辖。法显一行在张掖时，适逢匈奴沮渠蒙逊起兵杀张掖太宗段业，自立为张掖公，一时张掖大乱，西行道路受阻。在沮渠蒙逊的挽留下，法显暂住张掖，在这里度过一个夏天。他在此结识了一些有志于深入研究佛法的僧人，相约同赴西天取经。

同年秋待道路稍安后，法显西行至敦煌。由此西行渡阳关，经白龙堆沙碛，这里"上无飞鸟，下无走兽"，法显"遍望极目，欲求度处"，全无标识，唯以死者骸骨引路，穿越罗布泊地区，行17日，抵达鄯善国（今新疆若羌）。该国虽小，但因为举国信奉佛教，竟有佛僧4000余，均奉小乘。法显西行时代，不但中原大乱，河西不安，而且西域的形势也很不稳定。法显原可以从位于塔里木盆地东南角的鄯善国向西直接赴于阗，但大概是因为途中不安全的缘故，只得舍近求远，沿车尔臣河和孔雀河流域，旁越罗布泊西岸，千里绕道焉耆。法显从焉耆动身，先沿天山南麓而行，然后再越塔里木河，穿越塔克拉玛干大沙漠，到达于阗，途中行程达1个月又5日。从于阗转向西行，经竭叉国（今新疆喀什）渐入葱岭，经新头河（印度河）进入北天竺。后来转入印度，进入恒河流域，复至海边乘舟泛海至狮子国（今斯里兰卡），最后东航回国。法显在外旅行前后14年，归国后著《法显传》传世，该书又称《佛游天竺记》或《佛国记》。

---

1 法显自述他于弘始二年，即己亥年从长安启程。弘始二年相当于公元400年，但己亥年相当于公元399年，此处限于篇幅，不作详述。

玄奘：
》》《西游记》里的原型人物

在中国古代西行求法的僧人中，玄奘最为著名。玄奘俗姓陈，河南洛州人，少年出家，钻研佛教经典。后来又到四方游学，于贞观元年（627年）来到长安。他在求学过程中，感到佛典互相矛盾之处甚多，许多问题得不到解答，于是决心赴天竺本土求经。他曾上书朝廷，要求准予出行，但因为当时敦煌以西被西突厥控制，唐与突厥处于敌对状态，故其请求未获批准。

贞观三年（629年），他从长安出发，经凉州抵瓜州（今甘肃安西），他不顾禁令偷渡关隘，穿过莫贺延碛到伊吾（今哈密）。次年正月抵达高昌，由此西行出吐鲁番盆地，转向天山南麓，一路西行至跋禄迦（今阿克苏附近），由此西行300里，越天山支脉而至天山群峰包围中的大清池（即热海，今吉尔吉斯斯坦伊塞克湖）。由此再西北行500余里，翻越天山进入碎叶水流域，当时受西突厥统叶护可汗控制。这里是东西陆路交往的要道，自古以来是人烟稠密地区，城镇众多。再向西是怛罗斯河流域。

玄奘从怛罗斯西行200里至白水城（今哈萨克斯坦奇姆肯特附近），由此溯锡尔河而上抵赭时（今乌兹别克斯坦首都塔什干），再西南行进入粟特农耕区。这里最重要的城市是飒秣建（Samarqand，撒马尔罕）。据《大唐西域记》记载，其城周围20余里，极险固。因为粟特人四出经商，所以"异方宝货，多聚此国"。此城位于泽拉夫善河流域，是中亚最著名的古城。这里"土地沃壤，稼穑备植"，不但农业发达，而且"多出善马"，手工业也非常发达，"机巧之技，特工诸国"。

玄奘像

由此向西，至粟特的另一个重要城市捕喝（Bukhara，今乌兹别克斯坦之布哈拉），再转向南，抵天山西支脉拜逊套（Baisuntau）山，穿过粟特与吐火罗之间的天然界线铁门，进入吐火罗故地。吐火罗地跨阿姆河两岸，南北达 3000 余里，东接葱岭（帕米尔），西连波斯，南限于大雪山（兴都库什山），北界铁门。当时这个地区共分为 27 部，总归突厥。玄奘注意到吐火罗语言"稍异诸国"，大约与粟特语大同小异。其"字源二十五言，转而相生"，意即使用 25 个字母，相拼成文。吐火罗人比粟特人更长于书记，所以"文记渐多"。其书写从左至右横写。阿姆河北岸的怛密（今乌兹别克斯坦捷尔梅兹）是吐火罗最重要的城市之一，玄奘访问这里时其城周达 20 余里，有佛寺 10 余所，僧徒千余人。

玄奘再南行越大雪山（今阿富汗兴都库什山脉），经梵衍那（今阿富汗巴米扬），再向南进入印度之地。玄奘在外旅行达 17 年之久，于公元 641 年启程回国，经帕米尔高原进入塔里木盆地南缘，经于阗、且末返回长安。在唐太宗的要求下，他在徒弟辩机的协助下写成《大唐西域记》，记载了求法的经历。他的记载保存了这一时期中国西北周边地区的地理、历史、物产、农业、手工业、经济、文化和宗教等方面的宝贵资料。

交河故城

乌兹别克斯坦撒马尔罕帖木儿王朝贵妇陵墓

海屯一世：
》》穿越中亚的基督教国王

  海屯即小亚美尼亚国王海屯一世 (Hethum I，1224—1269 年在位)。小亚美尼亚是 13 世纪小亚细亚东南部的基督教国家，1244 年归附蒙古，成为属国。

  1254 年春，海屯一世遵从定都丁伏尔加河下游的金帐汗国汗、成吉思汗长子术赤之子拔都之命，东行谒见元宪宗蒙哥皇帝。其一行经谷儿只 (今高加索山之南格鲁吉亚)，越太和岭 (今高加索山脉)，于当年 5 月至伏尔加河下游拔都宫帐，再奉命继续沿钦察草原东行，渡扎牙黑河 (今马拉尔河的突厥语名称)，进入中亚草原，溯也儿的石河 (今新疆北部额尔齐斯河) 谷，翻越阿勒泰山，经蒙古草原于同年 9 月到达蒙古帝国首都哈剌和林 (哈剌和林在元代又称 "和林")，受到宪宗蒙哥的接见。当年 11 月，从蒙古启程，先沿原路越阿勒泰山，南下至畏兀儿，再西行经撒麻耳干、波斯归国。其《行记》收录在他东行的随员、历史家乞剌可思·刚扎克 (Kirakos of Gandjak，1201—1272) 所撰之《亚美尼亚史》中，是 13 世纪东西交通和中亚地理的重要资料，受到学者的注意，先后被译成俄、法、英、德各种文字，有数种汉译本。

普兰·迦儿宾与鲁不鲁克：
13世纪来自欧洲的使者

　　普兰·迦儿宾是意大利人，约于1182年出生于佩鲁吉亚。13世纪20年代成吉思汗西征时，为追击花剌子模沙曾派大将绕越高加索山脉进入里海以北草原；元太宗窝阔台即位后，为迫使伏尔加河流域的钦察人交出成吉思汗的仇人篾儿乞氏贵族，组织大军再次西征东欧。这两次军事远征震动了整个欧洲，教廷急于了解蒙古动态，多次遣使东行，其中最初的使团便由普兰·迦儿宾率领。

　　1245年4月普兰·迦儿宾携教皇国书从法国里昂出发，经波希米亚（今波兰的一部分）、基辅，横穿南俄草原，抵伏尔加河下游，觐见金帐汗拔都，呈递国书。拔都命译为俄、波斯文和蒙古文，听了诵读后，决定让教皇使团赴和林蒙古朝廷。使团一行于次年7月抵蒙古国都城和林，正值元定宗贵由筹办即位大典。定宗登基后，接见了他们。普兰·迦儿宾在蒙古朝廷停留达4月之久，在归回之前，接定宗所派大臣镇海撰写回信后，于1246年11月启程循原道返回，次年秋抵达里昂。在归途中，迦儿宾写了报告，介绍蒙古人的风俗、宗教、历史、政治、制度、军队、武器和作战方式等，是存留迄今记载早期蒙古社会情况最重要的原始资料之一。其所携蒙古致教皇的国书波斯文本，至今仍被保存在梵蒂冈的档案馆中。

　　鲁不鲁克 (Guillaume de Rubruquis，约1215—1270) 是法国人、天主教方济各会教士。1253年，为了解蒙古动静，法国国王路易九世派他出使蒙古汗廷。使团一行从地中海东岸出发，渡过黑海，于同年秋到达伏尔加河，受到金帐汗拔都的接见。拔都派员护送其东行，次年1月抵蒙古帝国都城哈剌和林附近，受到宪宗蒙哥的礼遇。当年4月随宪宗至和林，在蒙古逗留5个多月，于7月携宪宗致法王国书西归，经伏尔加河流域和黑海西岸，于1254年秋回国，并以拉丁文撰写《东行记》向法王复命。该书中记述了蒙古人的风俗、宗教、出使所经山川道里、民族、宫廷大事等，是研究早期蒙古史、中世纪亚洲和欧洲的历史地理以及中西交通史、关系史的重要资料，有多种文字的译本。

伊朗古波斯帝国都城波赛波里斯遗址残存之"诸国之门"

孟特高维奴：
》》在元朝建立教堂的西方教士

孟特高维奴（Giovanni di Monte Corvino），1247年诞生于意大利南部萨勒诺（Salerno）省孟特高维奴村，后参加天主教圣方济各会，成为教士。他于1280年前后参加了圣方济各会传教团，在阿儿马尼（亚美尼亚）和波斯传教，1289年返回教廷，报告了伊利汗阿鲁浑优待基督教的消息。时教皇尼古拉斯四世已经接待过阿鲁浑汗的使臣列边·扫马，也相信元朝优待基督教，遂派孟特高维奴为使臣，携带教皇国书前往东方传教。他取道桃里寺（Tabriz，今伊朗高加索南之大不里士）、印度，转乘船来到中国，于1294年抵达大都，向元成宗呈交了教皇的国书。陪同他来到大都的有意大利卢卡隆哥（Lucalongo）人彼得。后来他们在大都留居下来。

孟特高维奴曾于1305年1月和1306年2月两次致信本国友人，介绍自己传教的成绩和元朝的风土人情。前者由软禁于脱脱往来于大都的使臣转交给刻里米亚（Krim）的可萨里亚的方济各会教友，由他们再转呈教廷，后者由入元的意大利托伦蒂诺人托马斯带回罗马。

据孟特高维奴说，元朝统治者对他十分优待，他在皇宫中有一个座位，由于是教皇的使节，还享有进宫的权利。元朝皇帝听说过有关罗马教廷和欧洲国家的消息，很希望接待他们的使节。孟特高维奴传教的主要障碍是当时在大都占据优势的聂思脱里派。在他到达大都的最初5年里，聂思脱里教反对他比较激烈，不允许他拥有自己的教堂，不允许他宣讲天主教教义。但孟特高维奴排除一切困难，于1299年在大都建了第一所天主教堂，后来又建了一个钟楼，在里面设置了3口钟。

今宁夏银川郊外贺兰山下的西夏王陵遗址

后来意大利商人卢卡隆哥在临近皇宫的地方购置了一块地，孟特高维奴于 1305 年 8 月初接收了这块地，用施主们提供的金钱建立了第二所教堂，整个工程设计有围墙、房屋和一座可容 200 人的礼拜堂，上有红色的十字架。两处教堂相距约 4 公里，按元大都皇宫的位置，此寺应位于今北京阜成门大街一带。从信文中看，在大都的传教士无法修筑西方石建筑哥特式房屋，这所教堂应当是一所砖木结构的汉式建筑。

在孟特高维奴留居中国的最初 11 年中，没有任何使节从教廷来到大都。直到近 1305 年，才有一位日耳曼科隆的教友阿诺德（Arnold）来帮助他传教。1307 年教皇克莱门特五世委任孟特高维奴为大都大主教，并派遣教士 7 人前来帮助他。其中仅热拉尔多（Gerardo Albuini）、佩烈格里诺（Peregrino de Castello）和安德里亚斯（Andreas de Perusio）3 人抵达大都，此后其生计均由元政府维持。

孟特高维奴在泉州设立了分教区，派热拉尔多为首任主教。泉州的一位富有的阿儿马尼妇人向他们捐助了一所教堂。热拉尔多去世后，佩烈格里诺继任泉州主教，其教堂中有 3 位西域教友。佩烈格里诺于 1322 年逝于泉州，安德里亚斯继任之。安德里亚斯在泉州郊外新建了一所教堂，可供 20 人居住，并有 4 个房间。安德里亚斯逝世后葬在泉州，其拉丁文墓志于 1945 年被发现，字迹虽然模糊，但仍能辨认出志文的一部分："这里埋葬的是（小教友）会佩鲁吉奴思人安德里亚斯……"志文的日期虽有脱落，但可估计为 1332 年，因为安德里亚斯在 1326 年还写过一封信致自己的教友。孟特高维奴于 1328 年逝于大都。

孟特高维奴、佩烈格里诺和安德里亚斯致本国教友的书信至今尚存，是研究中外文化交流的重要文献。从他们的信中，我们了解到许多欧洲人、西域人在元代中国活动的情况。

克拉维约：

》》来自西班牙卡斯蒂利亚王国的特使

　　罗·哥泽来滋·克拉维约 (Ruy González de Clavijo) 是西班牙卡斯蒂利亚 (Kastilia) 王国的宫廷大臣。他曾于 15 世纪初出使帖木儿帝国，并到撒马尔罕向帖木儿朝觐。1403 年 5 月，克拉维约受国王唐·亨利 (Don Hanri) 三世之命，携国书、厚礼，率使团出发东行，经过伊斯坦布尔、黑海南岸，跨今土耳其、亚美尼亚、阿塞拜疆、伊朗、土库曼斯坦等国 ,1404 年 9 月抵达撒马尔罕 (今乌兹别克斯坦历史名城)，受到帖木儿的隆重款待，屡次获邀参加盛宴，参加各种庆典，在宴席上曾见明成祖使团。在该城，使团一行游览宫苑及各种建筑。后因帖木儿突然病重，贵族内讧，使团提前回国。

　　归国后，他著《克拉维约东使记》述其出使原委及途中见闻。书中有关帖木儿及其后宫情况，为他书所无；而书中有关明与帖木儿国交往的部分，历来受中外史家重视。

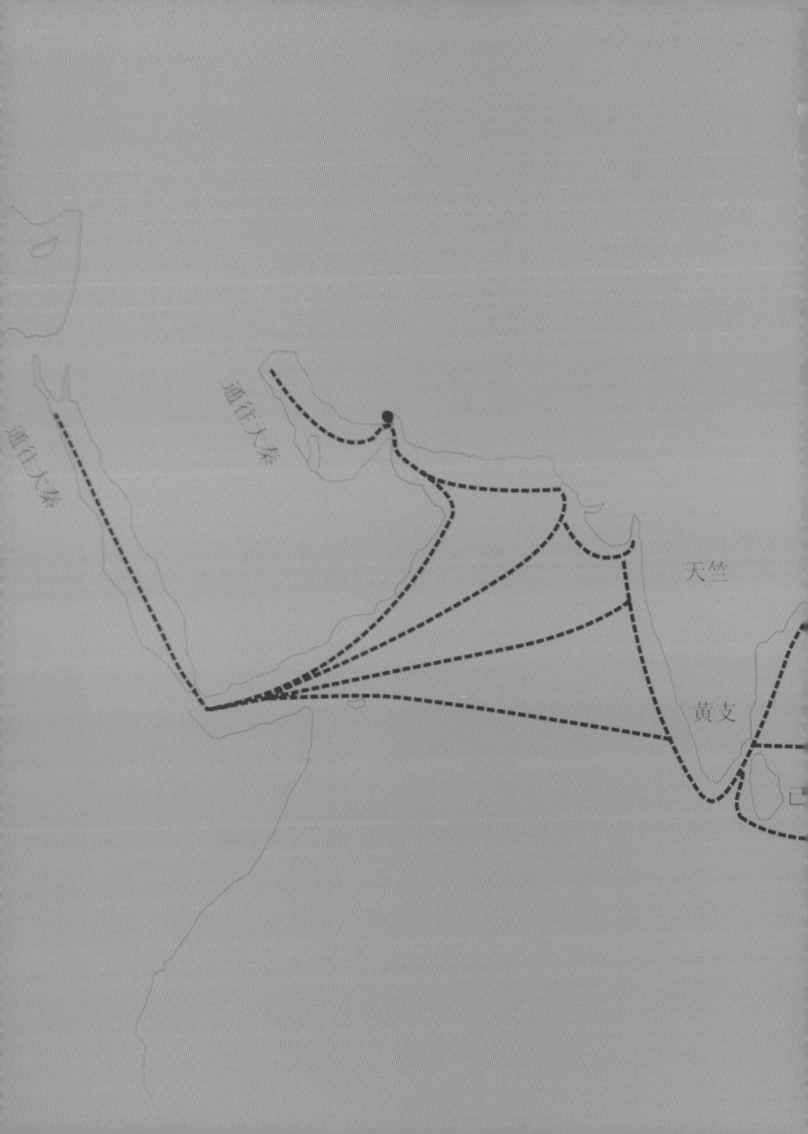

通往大秦

通往大秦

天竺

黄支

巳

朝鲜

琅琊

东海

会稽

冶

番禺

夷洲

合浦

南海

夫甘都卢

徐闻

邑卢没

日南

湛离

林邑

扶南

都元

皮宗

叱调

海上丝绸之路

明代意大利传教士绘坤舆万国全图

交通地理篇

"苍舶"：航行在印度洋上的中国海船
汉朝：通向"已程不国"的海路
岁与人·东航水道的发现之旅
使客相望于途：繁忙的印度洋—太平洋海路
广州：商旅往来的国际大城

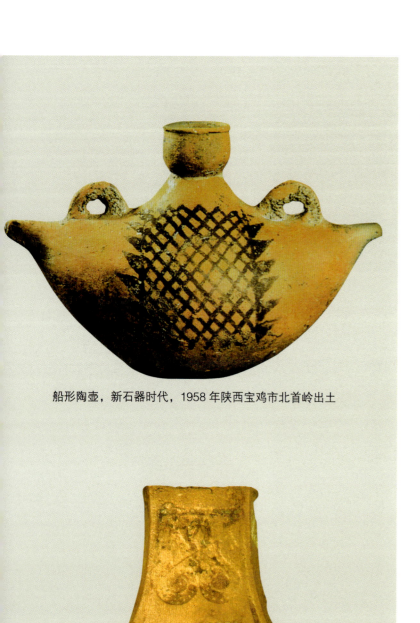

船形陶壶，新石器时代，1958年陕西宝鸡市北首岭出土

战国时代铜钺（其上有划船图案）

"苍舶"：
航行在印度洋上的中国海船

先秦时代中国沿海地区已经利用舟楫交通。当时的航海技术有了相当程度的发展，安全性和舒适性都得以提高。春秋时期我国南方产生了利用船舶作战的水师，水师已经装备了适应各种不同用途的船舶。吴国舟师中有与陆军重装备战车相似的"大翼"，其长达10丈，宽1丈5尺2寸；有与轻装备战车相似的"小翼"，其长达9丈，宽1丈2尺；有与"冲车"相似的"突冒"；有与楼车相似的"楼舡"[1]；还有与轻足骠骑相似的"桥舡"。与吴国为邻的越国是另一个造船大国，有专供水战用的戈船和楼船。越国攻灭吴国后，于公元前468年由会稽取海路迁都琅玡（今山东胶南），以戈船300艘载战士8000人以行，气势十分浩大。汉代中国的造船技术已经相当成熟。汉武帝建立了庞大的水师，在昆明湖中训练。汉水师的"豫章大舡"可载千人，舡上建有宫殿。可见此时大型船舶已经可载重约100吨。汉代有楼船参与编队的水师曾在东南沿海作战。

---

1 见《太平御览》卷七七〇及卷三一五。《昭明文选》卷二十二，颜延年《车驾境京口三月五日侍游曲阿后作》注引《越绝书》伍子胥《水战兵法内经》。

东汉陶船模型

唐代往返于中国东南沿海港口与东南亚、印度洋诸地的船舶既有外国船，又有中国船。外国船有多种，元开《唐大和上东征记》提到唐代广州珠江中停泊有婆罗门船、昆仑船和波斯船。这大致代表了当时番舶的种类，即：南亚船、东南亚船和西亚－北非船。这些外国船因多从南海而来，又被统称为"南海舶"。

在婆罗门船中，有一种"狮子国舶"，即斯里兰卡船。《唐国史补》卷下说它在外国船中最大，"梯而上下数丈，皆积宝货，至则本道奏报，郡邑为之喧闻"。

"昆仑舶"在东南亚、印度洋航海中起着举足轻重的作用。唐代义净从广州启程赴印度时乘坐的是波斯船，到达室利佛逝（Srivijaya，即今印尼苏门答腊之巨港）以后，换乘室利佛逝船前往末罗瑜国（Malayu，即今马来半岛南端），再由此往东印度。他沿途换乘的几乎全是东南亚船。昆仑舶来华数量多，次数频繁，所以《旧唐书·王方庆传》记载，当时在广州每年都有"昆仑舶以珍物与中国交易"。

西亚船中之大者被称为"大食巨舰"，其中以"木兰皮"舟为最。"木兰皮"即阿拉伯语 Maghreb 的音译，今译作"马卑里布"，意为"极西之地"。所以"木兰皮"舟意为西大食舟。据《诸蕃志》记载，这种舟"可容数千人，舟中有酒食肆机杼之属"[1]。

宋代沿海港市人民对异域船除了以地方命名以外，还以载重量分等，分别命名。《宋史·食货志》提到，异域船"最大者为独樯舶，能载一千婆兰；次曰牛头舶"，载重为前者的 1/3；冉次曰"三木舶"，又为牛头舶的 1/3。这里表示载重量的单位"婆兰"，看来是一种外国重量单位，其确实含义尚待研究。周去非说，南海中的"番舶大如广厦"，可行数万里，载千百人。载重万斛的番舶，其舵长三丈。宋代一斛为一担，重 60 公斤，所以万斛之舟载重量已达 600 吨。

1 冯承钧：《〈诸蕃志〉校注》，中华书局 1956 年版，第 67 页。

　　数万斛之舟相当于排水量一两千吨的船。在以木材为基本造船材料的时代，这基本已是船舶载重量的极限了。建造这种巨舟须靠举国之力完成。仅就其船舵而言，因船体过大，一般木材难以胜任，唯有使用钦州（今广西钦州）出产的乌婪木，才可制成长达五丈的巨舵，"虽有恶风怒涛，截然不动"[1]。据说这种巨舵在钦州一双不过值钱数百缗，一旦运到番禺，立即升值十倍。

　　印度洋的番舶制造工艺与中国船大相径庭。唐代刘恂《岭表异录》提到，当时番贾的船不用铁钉，只用桄榔须系缚，泥以橄榄糖。糖干后甚坚，入水如漆也。但是这种式样的船船体强度较差，抗风浪能力弱，易渗漏。

---

1 周去非：《岭外代答》卷六。

罗马战船图

　　相较之下，唐代中国造船早已脱离了印度洋船舶这种原始简陋的工艺，而大量采用钉榫接合技术。我国考古学者曾分别于 1960 年 3 月和 1973 年在江苏扬州施桥镇和江苏如皋的遗址中发现过唐代木船，其船型虽不同，但均使用钉榫接合技术。如皋唐船还建有 9 个水密隔仓，这就大大增强了船舶的横向强度与抗风浪和抗沉能力。还有一种名曰"海鹘"的海船，船舷左右置浮板，形如鹘之翅，以防止侧倾。这种浮板实际上是舷侧防浪板。

　　唐代我国已经能建造巨大的远洋海舶。据慧琳在《一切经音义》中说，常见的一种被称为"苍舶"，长达 20 丈，可载六七百人。许多阿拉伯旅行家曾描述过唐代航行在印度洋水域中的海舶。因为幼发拉底河与底格里斯河的冲积，波斯湾中浅滩很多，中国海舶体积大，吃水深，航行不便。因此阿拉伯旅行家苏莱曼说，波斯湾中诸港之间的航线多由当地小型船舶担任，它们把各地的土产运抵尸罗夫港 (Siraf)，再转驳中国船运往东方。印度西南部的故临是各国海船加注淡水的地方，对中国船每次要收费 1000 迪尔汗，而其他诸国船仅收 10~20 迪尔汗。[1] 这种收费上的差别除了对不同地区船征收不同税率的因素以外，显然是因为中国船特别大的缘故。

---

[1] 参见《苏莱曼游记》，见穆根来等汉译本《中国印度见闻录》，中华书局 1983 年版，第 9—10 页。

泉州后渚南宋末沉船

泉州后渚沉船

韩国新安木浦元代沉船

在宋代，海船制造的工艺与技术有了明显的进步。结合文献记载与1974年在福建泉州出土的宋船残骸及1976年在韩国新安发现的元船可知，宋代中国海船的基本特点如下：

第一是载重量大。宋时海船大者载重达五千料[1]，可载五六百人。那时中型的海舶载重达一千料至三千料，可载二三百人。那时应用得最普遍的是"可载二千斛粟"的中型海船，称为"客舟"，"长十余丈，阔三丈五尺"。而长阔高大皆3倍于"客舟"的海船，叫"神舟"，望之"巍如山岳，浮动波上"。[2]按长阔高皆扩大3倍，体积便增至20余倍。据此推算，这种"巍如山岳"的神舟的载重可达5万余斛，相当于3000吨。如果的确如此，真是十分惊人的巨舰。周去非曾描述过宋代在南海中航行的一种巨舟，说其"帆若垂天之云，柂长数丈。一舟数百人，中积一年粮"，舟人们甚至还在船上养猪、酿酒。这种巨舟应当就是"神舟"。

第二是船体坚固，结构良好。考察泉州古船可知，这条船的龙骨由两根松木接合而成，采用体外龙骨的设计和直角榫合的工艺，增大了船的纵向强度。海船的船壳、船底用二重板叠合，舷侧则用三重板叠成。自龙骨至舷有侧板14行，1~10行由两层板叠合而成，11~13行由三层板叠合而成，采用搭接和拼接两种结构工艺，以钉榫为主要构件。里层船壳板的上下板之间都用子母衔榫合。尖底造型使船壳弯曲弧度大，多重板工艺使取材、建造和维修较为容易，二重或三重木板加固的侧板与船壳板使全船的强度大为提高，更耐波浪，利于远航。[3]

---

1 据《明会典》称，一料（斛）相当于一石，即60公斤。
2 徐兢：《宣和奉使高丽图经》卷三十四，第116—117页。
3 参见福建泉州海外交通史博物馆：《泉州湾宋代海船发掘与研究》，海洋出版社1987年版。

　　泉州湾海船使用铁钉，大钉极长，并用桐油、麻丝、石灰等嵌缝，以防渗漏和钉头锈蚀。船板采用榫联和铁钉加固，并用桐油灰塞缝，是我国唐宋以来发展起来的先进造船工艺，直至今日仍在木船建造中普遍使用。

　　宋代中国海船船体一般有十几个水密舱，泉州湾海船用12道隔板把船体分为13个水密舱，水密程度很高，即使在海难中破损一两个船舱也无倾覆之虞。这种13舱的木船直至近代还为福建沿海人民所使用。这13个舱位各有专门名称和用途。

　　宋代徐兢的《宣和奉使高丽图经》提到宋代海舶"上平如衡，下侧如刃"。《宋会要辑稿》也提到宋时南方海船"面宽三丈，底宽三尺"。上面提到的1974年泉州市东南郊后渚港出土的宋末海船，根据造船学家研究，其船形特点是：底尖，船身扁阔，长宽比小，平面近椭圆形。我国南方海船的这种 V 型船体结构设计，不但可增强船舶的稳定性与回舯扭矩，而且能减少水下阻力，使海船在遇到横风时横向移动较小，适于在风力强、潮流急的海域航行。在顶风行船时更显优越，"贵其可破浪而行也"。为改善船舶的摇摆性能，宋代水手还在船腹两侧"缚大竹为橐以拒浪"。[1]

南京龙江船厂六作塘遗址出土的各种船具与龙江船厂当年生产器具

---

1 徐兢：《宣和奉使高丽图经》卷三十四，中华书局 1985 年版，第 117 页。

《天工开物》中的漕舫图

　　元末摩洛哥旅行家伊本·白图泰曾描述中印度洋上的中国海船。他说，中国船分大中小三等，大者有船员千人，即水手六百、卫兵四百，有三帆至十二帆，皆以篾编成，并有随行船相随。随行船有三分半大、三分之一大、四分之一大三等。像这样的大船仅产自广州和泉州。船底系用三层板以巨钉钉合而成。舱分四层，有公私舱房多间，船员常在木盆中种植蔬菜。橹大如樯，每橹缚有铁链两条，摇橹时有十人至十五人，分两排对立。马可·波罗在他的游记中对中国海船也有翔实的描述。

汉朝：
≫ 通向"已程不国"的海路

　　我国最早具体提到东西海路交通的文献是《汉书·地理志》，书中描述了从今广东沿海经中南半岛、东南亚前往"黄支国"和"已程不国"的海路。当时从汉境启程的起点一般是日南（今越南广治省）、徐闻（今广东雷州半岛南端徐闻县）与合浦（今广西北部湾边合浦县）等处。由这些地方出发，船行5个月，至"都元国"；再继续行4个月可至"邑卢没国"；复航行20余日，至"谌离国"。由此步行10余日达"夫甘都卢国"。从此国船行约2个多月，抵"黄支国"。"黄支国"地域辽阔，人口众多，其民俗大约与当时的海南岛差不多，自汉武帝时代便多次遣使贡献。再向南还有"已程不国"。直至此国，汉朝都可用自己的译员。返航时汉舶从"黄支国"行8个月，抵"皮宗"，再由此行2个月回到日南。

双体画舫，东晋，据宋人摹顾恺之《洛神赋图》绘制

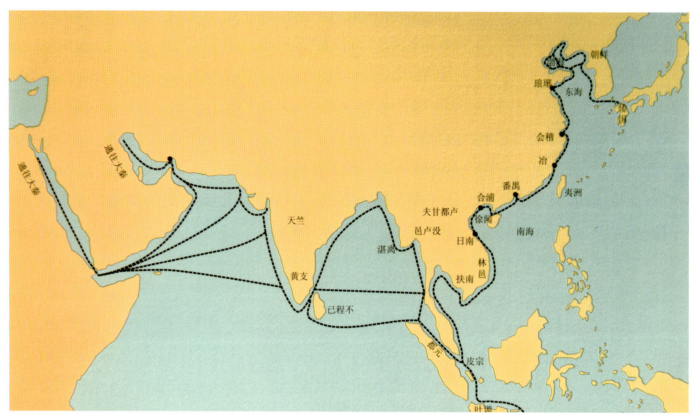

秦汉海上丝绸之路示意图

一般认为离开汉境 5 个月后所达之"都元国"，可能就是唐代贾耽所提到的"罗越国"。今马来亚半岛东南部，靠近新加坡海峡处有河名 Dungan，似为"都元"的字源。第二站"邑卢没国"应即《唐书·南蛮传》中提到的"拘蒌密"，大食地理学家称为 Rahmi、Rahma 或 Rahman 等，其地应在今缅甸南部注入莫塔马湾之锡唐河入海处。第三站"谌离国"约为缅甸伊洛瓦底江中游古国"蒲甘"，汉舶过"邑卢没"之后，先向东南行至伊洛瓦底江河口，再溯河而上。第四站"夫甘都卢国"应为旧蒲甘，即今缅甸太公城，濒临孟加拉湾。"黄支国"应为今印度南部东海岸泰米尔纳德邦的首府马德拉斯以南的建志补罗 (Canjeeveram)，而"已程不国"则应为今斯里兰卡。返航时所经的"皮宗"可能就是今马六甲海峡东部的 Pidang 岛（香蕉岛）。《汉书》中的这段记载说明西汉时中国的商舶和使臣已经可以从中国直航印巴次大陆的南端。由于航海技术的限制，当时的海船还不能远离大陆，只能沿着东南亚大陆的曲折海岸航行，所以航期极为漫长。

汉代皇帝近侍（黄门）中专门有通晓番语的官员。"黄支国"和"已程不国"都是泰米尔人聚居地，西汉时中国已经有人通其语言。汉使出洋所携主要是黄金、丝绸，途中常有番舶前来交易，贸易利益虽十分丰厚，但亦很危险，除不时有海盗抢掠以外，遇风浪翻船死人之事亦非罕见。

西汉时期的这条从华南到印度洋的航路在先秦时期就应已经存在，只不过汉代才见于文献记载。这一时期太平洋—印度洋航海的特点是：船舶的主要动力为季风，航线基本上不远离大陆海岸，航行为中途接力性质。华南与印度以西海域的接触基本上以印度为中介地。

罗马人：
>>> 东航水道的发现之旅

　　自公元前 6 世纪至公元前 5 世纪波斯帝国时期以来，波斯便与希腊不断交往，和战相续。希腊马其顿王亚历山大东征以后，希腊人的势力深入中亚、印度诸地。马其顿王亚历山大所建立的大帝国，是世界历史上第一个地跨欧亚的大帝国，使欧洲与亚洲的交往进入了一个新纪元。约两个世纪后，汉武帝两次派张骞出使西域，中国与西域诸国建立了直接的联系，并首次经过西域人的介绍得知地中海地区的大秦国。东西交通的开通，使中国的消息比较真实地传到西方，中国的丝织品也沿陆、海两路运达地中海岸，远销欧洲：陆路经由大夏、粟特、安息商胡之手，海路须经东南亚、印度、安息，借助当地商贾之力。

　　伊士地峡地处欧亚非三大陆之间，这个有利的地理位置很早就为人所知。自从船舶制造和航海技术发展起来以后，人们发现水运比陆运成本低，东西之间的贸易因之发达起来。红海自古以来就是来自印度洋的商贾进入地中海地区、泰西水手前往亚洲的天然航道。古埃及时期在红海与尼罗河之间开凿的运河，使属于大西洋水系的地中海与属于印度洋水系的红海得以相通。

 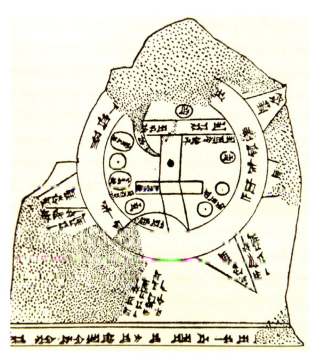

公元前 7 世纪巴比伦最早的世界地图及其线描图

塔吉克斯坦忽毡（火站）出土的
古希腊 – 罗马风格铜壶

　　来自印度、东非的商品在今红海南端的曼德海峡两岸，即阿拉伯半岛的亚丁、索马里与埃塞俄比亚之间的吉布提附近过驳卸货，转由红海沿岸的商人贩运到地中海边。产自中国的丝绸直接或经过一次次转手运抵印度后，也经由这种途径转往欧洲。经过一道道中间人转运，到地中海地区的中国丝绸价格极为昂贵，罗马人一直希望能与东方直接建立联系，以打破西域诸国对丝绸买卖的垄断。

　　在奥古斯都执政时，埃及被纳入罗马帝国的版图。位于尼罗河三角洲的亚历山大港是罗马帝国通往东方的门户。当时汉朝的势力已经伸及中亚，在罗马帝国与汉代西域之间的是安息王国。避开安息人的唯一途径是寻找前往东方的水道。大约在公元前1世纪中叶，一位名叫伊巴露斯的希腊船长曾偶尔到达印度西海岸。公元1世纪初，一位商人阿尼尤斯·普洛卡

山西出土的嚈哒银碗

姆斯 (Annius Plocamus) 包买了罗马帝国红海领土的税收，他派出一名获得自由的奴隶布勃里乌斯 (Publius) 作为他的监税官前往红海地区。这位监税官在航行中遇风，在海上漂流 15 日后，偶然抵达斯里兰卡（即我国史书记的"狮子国"），在那里停留了半年，然后与斯里兰卡出使罗马的使臣拉西亚斯 (Rachias) 一同回到欧洲。[1] 据老普林尼 (Pline L'Ancien，公元 23—79 年) 的《自然史》记载，这位斯里兰卡的使臣拉西亚斯的父亲曾去过"赛里斯国"，即汉帝国。[2] 这两位罗马水手航行所依靠的，实际上是印度洋上的季风。后来在相当长时期内，印度洋季风便被欧洲人称为"伊巴露斯风"。

这一两次偶然的航行使罗马商贾发现了前往东方的水路。罗马商人们越来越多地出入于印度洋。据斯特拉波记载，当时前往印度的船只每年达 120 艘之多。罗马帝国的海商们从意大利出发，大约需要花费 3 个月时间，于 10 月到达印度，在那里逗留至次年 4 月，再利用季风返回。

1 过去学者们根据普林尼的记载，把布勃里乌斯远航斯里兰卡的史实系于喀劳狄一世 (Claudius，公元 41—54 年) 在位时，后根据发现于科帕托以南 100 公里处通往贝仑尼塞港的道路上的希腊、拉丁文碑铭，才知布勃里乌斯返回的日期是公元 6 年 7 月 5 日。
2 戈岱司编、耿昇译：《希腊、拉丁作家远东古文献辑录》，中华书局 1987 年版，第 11—12 页。

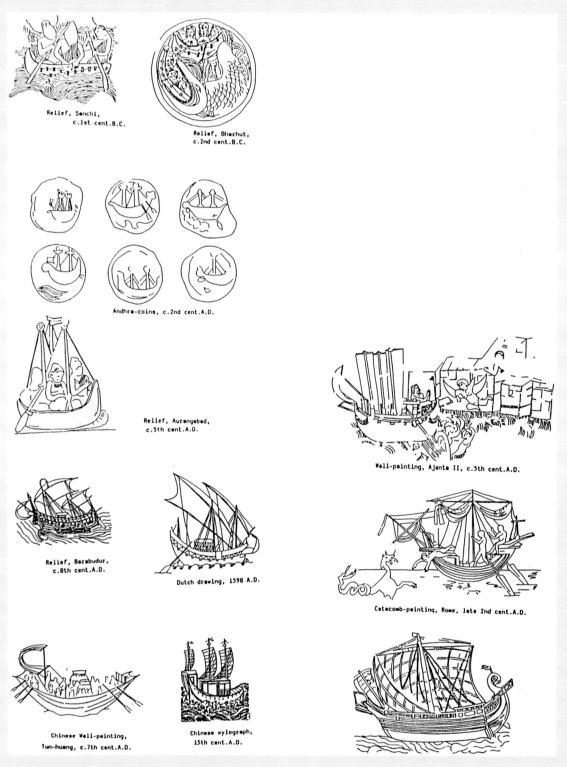

考古记录中记载的航行在印度洋上的当地帆船

环中国海主要沉船位置分布图

使客相望于途：
⟫⟫ 繁忙的印度洋—太平洋海路

从汉末三国至隋统一的三个半世纪中，中国南方对西方诸国的陆路交往因南北分割而受阻，不得不主要依靠海路与海外诸番联系。这种客观需要促进了航海技术的发展，进而提高了海上行船的安全性。中国与罗马帝国一直保持着海上联系。黄武五年（226 年）吴国孙权在位时，大秦国商人秦论来到交趾，随交趾太守的使者到孙权朝廷，后来返回本国。[1] 大约在同一时期，孙权派朱应、康泰率使团出访海外诸国。他们回国后，将国外见闻写成《扶南异物志》与《吴时外国传》两书。可惜这两部书已经亡佚，只有一些片断保存在《水经注》《艺文类聚》《通典》和《太平御览》等著作中。留存至今的两晋时代与海外诸国交通的资料虽然较少，但当时记载异域外国的书籍已经开始大量出现。据《隋书·经籍志二》记载，唐初可见这类书籍尚有十余种。

---

1 参见《梁书·中天竺传》。

南朝梁萧绎绘《职贡图》（局部）

　　与印度洋交通的发展便利了东西往来，来华外国人的数目大大增加，他们带来的异域奇货也越来越多。《艺文类聚》卷八十五记载，西晋太康二年 (281 年) 大秦国使臣自广州来贡，"众宝既丽，火布尤奇"。三国时外国人在东南港市已经不再罕见。

　　由于地理知识的增长，海商、水手们已经注意记载航行所经海区的情况。从东汉时代开始，我国南海水域在历史文献中已经开始被称为"涨海"，《后汉书》记载道，交趾七郡贡献，皆从"涨海"出入。此后不仅许多汉文文献都提到"涨海"，域外史料也提及这个海名。公元 9 世纪阿拉伯地理学家苏莱曼曾记载前往中国的航路，他提到："从昆仑岛出发，船队进入涨海水面。"[1] 除了苏莱曼，还有其他穆斯林地理学家提到过"涨海"。

　　随着航海技术的进步，航船离开中国大陆赴东南亚时，已经不再紧靠大陆航行，所以在途经南海时，水手们开始注意到南海诸岛。康泰等人出海时，据《扶南传》说："涨海中，列珊瑚洲，洲底在盘石，珊瑚生其上也。"[2] 这里所提到的涨海即今之南海。南海诸岛如南沙群岛、西沙群岛均是由珊瑚礁构成的。1957 年广东省博物馆在西沙群岛考古时，曾采集到南朝时代的六耳罐、陶环等物。不仅中国水手，而且来往于中国和印度洋的外国航海家也了解到南海的珊

1　G.费琅辑注：《八至十八世纪阿拉伯波斯突厥人东方游记及地理文献辑注》卷一，引自耿昇、穆根来汉译本：《阿拉伯波斯突厥人东方文献辑注》，中华书局 1989 年版，第 41 页。
2《太平御览》卷六十九，地部三十四。

瑚礁，阿拉伯人苏莱曼在叙述"涨海"时，描写道：船只进入"涨"（即"涨海"）后，暗礁浸没在海水之下，船只从暗礁之间的隘道通过，安全航行要靠真主护佑。[1] 提到南海诸岛的穆斯林地理学家并不止苏莱曼一人。这说明航海技术的进步是世界性的。从他们称南海为"涨海"判断，他们有关南海诸岛的知识是从中国人那里得知的。

据文献记载，南朝宋齐时有十余国沿海路入华。梁时许多海外番国奉中国南部政权为宗主国。日益增多的交流使中国人对前往西亚的海路和各国地理方位有了更为准确的整体认识，即所谓"海南诸国大抵在交州南及西南大海州上。相去近者三五千里，远者二三万里。其西与西域诸国接"[2]。

刘宋时代，其疆界伸及今越南中部一带，与东南亚诸国和印度洋的关系十分密切。林邑、扶南（今柬埔寨）曾数度遣使入贡，位于今印尼境内的诃罗陀国则请求与刘宋建立互市关系，要求建立关系的还有其他东南亚国家。这个时期印度洋与西太平洋之间的海路交通变得更为频繁。元嘉五年(428年)狮子国（今斯里兰卡）国王致书刘宋朝廷，说两国"虽山海殊隔，而音信时通"[3]。这说明中国南方与锡兰岛之间已经保持着经常的官方联系。

---

1 参见G.费琅辑注：《八至十八世纪阿拉伯波斯突厥人东方游记及地理文献辑注》卷一，耿昇、穆根来汉译本：《阿拉伯波斯突厥人东方文献辑注》，中华书局1989年版，第57页。
2《梁书·海南诸国传序》。
3《宋书·蛮夷传》。

宋元海上丝绸之路示意图

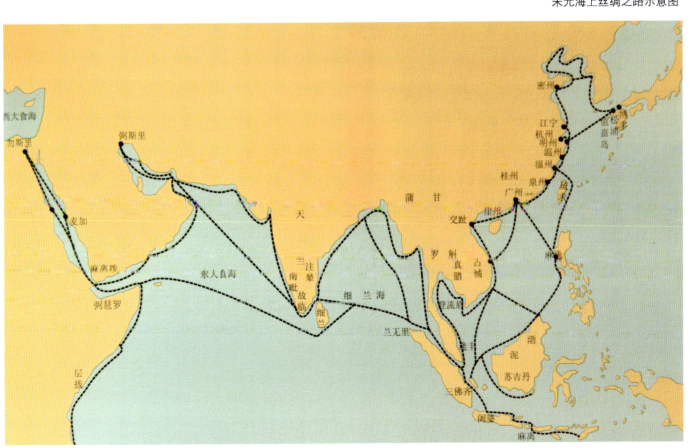

　　南朝时，梁武帝在国内兴佛，当时与林邑、扶南贸易的物品中有许多是佛事用具，例如扶南曾赠珊瑚佛像、天竺旃檀瑞像、婆罗树叶等。梁武帝听说扶南有长一丈二尺的佛发，特派沙门释云宝往迎之。

　　西太平洋与北印度洋水域以今马来半岛为界。马来半岛深入海中，其东面的暹罗湾属太平洋水系，其西面的安达曼海属印度洋水系，半岛最窄处仅数十公里。在信风为主要动力的时代，绕过马来半岛的航程是漫长的，而在半岛边卸货转运却不失为一种节省运力的办法。这条"海—陆—海"联运路线见之于中国古代文献的记载。[1] 自魏晋时代起，许多从中国出洋的海舶便把目的港定在马来半岛以东的暹罗湾。在暹罗湾边的小河湾里，来自中国的商人们把从国内运来的货物过驳到当地的小船上，然后开始采购回头货，装船后等待信风回乡。这些小船沿小河驶抵马来山脊脚下，用人力或畜力运过山岭，在山脊另一侧的小河边再装上小船，运至安达曼海边。这里有许多来自印度、西亚、东非、大秦的商人，他们也卸下自己运来的货品，等待购买从山岭那一边运来的中国货。他们的番货被当地商人贩运过马来半岛，转售给来自中国的商人。

---

1 参见韩振华：《魏晋南北朝时期海上丝绸之路的航线研究——兼论横越泰南、马来半岛的路线》，载《中国与海上丝绸之路》，福建人民出版社 1991 年版，第 235—245 页。

斯里兰卡阿拉哈纳－帕里温纳居民点出土的中国瓷器

西汉时中国海船已能航达南亚次大陆的南端，即今斯里兰卡。东汉时罗马帝国的商人开始从红海直航远东。《宋书·蛮夷传》说，大秦、天竺地处西溟。两汉的使臣均视前往大秦、天竺的使命为畏途。但在贸易的重利诱惑下，"氏众非一、殊名诡号、种别类异"的各国贾客携"山琛水宝"、"翠玉之珍"、"蛇珠火布之异"及其他"千名万品"的货物，"泛海陵波，因风远至"。

隋统一以后，中国的国力越来越强，与海外的联系也日渐密切。据《隋书·南蛮传》记载，大业三年（607年）冬十月，隋使臣常峻等人奉命从南海郡（今广州）乘北风出使赤土国。常峻的船队经两昼夜的航行，过焦山石（今越南占婆岛），暂泊于其东南的陵伽钵拔多洲（今越南归仁以北的燕子岬），复南行至师子石（今越南昆仑岛附近），复西行，接近马来半岛沿岸之狼牙须（Langkasuka，今泰国南部北大年一带），再南航抵赤土国。赤土国王派出30艘小船前来迎接，举行了盛大的欢迎仪式。常峻回国时，赤土国国王遣其王子随行入贡。

唐代，前往印度取道海路的人越来越多。僧人义净记载了他所知道的赴西天求法的僧人56人，其中有34人循海路而往。书中所附之《重归南海传》，还提到了另外4位从海道赴西天的僧人。海路赴印度的航线很多，起点也不尽一致。这些中国僧人有的从广州启程，有的从交州开航，更有的从占婆动身。途中停靠的港口更不相同，有的经位于今印尼的佛逝和诃陵，有的经今马来半岛。南亚境内也有为数众多的中转港，或在狮子国，或在南印度，或在东印度，或在西印度。

日本人所绘清代南京船、宁波船

义净本人于咸亨二年 (671 年) 离开广州光孝寺，随波斯舶出海南行，经 20 余日，到达室利佛逝，在当地停留约半年。次年复乘当地国王的船舶，向西航行 15 日，到达末罗瑜国，于此再停留约 2 个月，换乘其他船北上航行 15 日，抵羯茶国，即今泰国所属马来半岛之吉打 (Kedah)。同年十二月，由此经安达曼海，越孟加拉湾，航向东印度。[1]

公元 751 年唐朝与大食在中亚的怛罗斯发生冲突，唐军战败。大食人将俘获的大批唐朝随军文武人员押往后方，杜佑族子杜环也在其中。杜环在大食各地留居 12 年后，于宝应初年乘商船回到广州。

《新唐书·地理志》载广州通海夷道里，详述船舶由广州出航后前往西域之途，是一份详细的有关西太平洋—印度洋海上东西交通的说明资料。他提到，从广州前往大食的航海路线是：

---

1 参见义净：《大唐西域求法高僧传》王邦维校注本，中华书局 1988 年版，第 152—153 页。

从广州出航后先东南行驶出珠江口，转向西南方经数口绕过海南岛东岸，再西南行贴近越南沿海，至占不劳山（今越南岘港以东之占婆岛），南行经陵山（今越南归仁以北的燕子岬）、门毒（归仁），然后西南行经奔陀浪（今越南藩朗）、军突弄山（今越南昆仑岛），航行 5 日越暹罗湾至海峡（今马六甲海峡）。沿海峡西北行，出峡后经婆国伽兰洲（今印度之尼科巴群岛），向西驶过孟加拉湾，抵达狮子国。由此往大食有两条道：

一条道是沿印度西海岸北上，经至弥兰大河（今印度河）河口，复西北行入波斯湾，至弗利剌河（幼发拉底河）河口。

另一条道是从狮子国西北横渡阿拉伯海至三蓝（今也门之亚丁），由此沿阿拉伯半岛南岸东北行，绕阿拉伯半岛东北角达波斯湾口之没巽（今阿曼东北之苏哈尔），驶入波斯湾，沿波斯湾东岸而行，至弗利剌河河口与第一道相汇合。[1] 由此记载可见，中国海船的远洋直航能力得到了极大的提高。早在魏晋时代，法显归国时，所乘海船就有从狮子国横穿孟加拉湾，直航今印尼苏门答腊岛的记录；隋代常峻出使赤土国时，也曾从越南南端的昆仑岛向西横穿暹罗湾直达今马来半岛。唐代中后期中国海船不但在暹罗湾和孟加拉湾继承了前代水手的航海术，而且进一步具备了从狮子国向西横越今阿拉伯海的能力。因此可以说，在唐代西太平洋—北印度洋水域中，已无中国海船不能去之地。

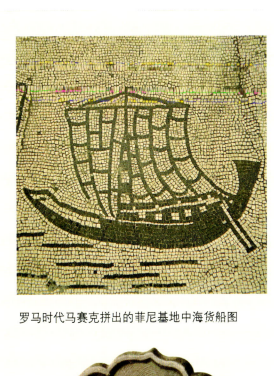

罗马时代马赛克拼出的菲尼基地中海货船图

金代海舶纹菱花铜镜，上海中国航海博物馆藏

---

1 参见《新唐书·地理志七》。

日本人所绘清代暹罗船、阿兰陀船

广州：
>>> 商旅往来的国际大城

　　罗马帝国和波斯萨珊王朝灭亡后，代之而起的是大食帝国。罗马帝国时代开辟的红海—印度洋航路后来为阿拉伯人所继承。629 年穆罕默德统一阿拉伯半岛之后，他的继承者创立了大食帝国，地跨欧亚非三大洲。穆罕默德本人早先曾多次参加过商旅，对中国有所了解。他曾训示自己的信徒说："学问即使远在中国，也应去求寻。"据汉文史料记载，唐高宗永徽二年（651 年），大食国第三任哈里发奥斯曼首次正式遣使入唐，至唐德宗贞元十四年（798 年）的近一个半世纪中，大食向中国遣使达 39 次。

清代外销画所表现的广州十三行

泉州海外交通史博物馆所藏"蕃客墓碑"

胡人陶俑陶灯，1957年广州出土，广州博物馆藏

正像汉文文献记载了从中国东南沿海前往西方的航路一样，存留至今的大食文献也详细记载了大食航海家从大食前往东方的路线。唐代贾耽的"广州通海夷道"描述了从广州通往波斯湾巴士拉的航线，而大食最早的地理学家伊本·忽尔答兹贝 (Ibn Khrudadhbah) 则在《道里与诸国志》里记载了反方向的航线——从波斯湾的巴士拉通往中国的航线，其详细程度可与贾耽的记载相媲美。

唐末到过中国的阿拉伯人苏莱曼除了叙述从波斯湾到东南亚的航程以外，还介绍了从今阿曼的马斯喀特 (Muscat) 到中国的航路。他说，从马斯喀特到故临－没来／末来，顺风行约1个月，由此到箇罗，再行10余日至潮满岛，复航行10余日至奔陀浪 (Panduranga，占城南部)。由此行10余日到占婆，经涨海到广州。

以后，海外贸易的发展使入华的外国人日多。入华番商诸人起初因等候季风、仓储货品或其他原因，在中国东南沿海港市的某些区域暂住。后来有些番客久居不归，开始在这些港口建立居处，这种外国人居住区被称为番坊。至唐代，已经有不少大食、波斯、天竺、狮子国、真腊、诃陵等国番客留居广州，有些外国人留居数十年不归。

番人在东南港市定居的时间，要早于广州番坊的形成。岭南地区出土的汉代灯座中有一种陶俑灯座，别具特色：陶俑多为男性，深目高鼻，与西亚人种相似；有的陶俑头型较短，宽鼻厚唇。陶俑常裸体，体毛发达，踞坐或箕踞，头顶灯盘；也有单腿下跪，一手托举灯盘。这些外国俑所代表的，可能是随番商入华贸易，流落汉地，沦为富家奴仆的异域人。

广州怀圣寺光塔

汉代异域人入华已经引起社会的注意，杨孚的《异物志》提到一种"瓮人"，说他们"齿及目甚鲜白，面体异黑若漆，皆光泽。为奴婢，强勤力"。这种瓮人与我们上面所述陶俑在形象上有区别，从杨孚的描述来看，很像印度的达罗毗荼人或东非人。他们应当也是在中国被番商出卖的奴隶。

唐政府在外国人集中的地方设立番长，以外国人任之，处理民事纠纷，实行某种程度的自治。同时，番长也负责招请番商贸易的工作。

对客死番坊的番客遗产，唐朝广州官府代为管理3个月，以等待其亲属认领。3个月过后无人认领，便充为官物。但3个月时间对于远在他乡的番客亲属是远远不够的。大约是因为这个原因，后来在时间上有所宽限。还有些番客久居番坊，与当地中国百姓嫁娶通婚，在中国落地生根。[1]

至唐末，广州已经发展成为一个国际性的大城，外国人占据城中居民的相当大比例，其绝对数量已经发展到极其惊人的程度。据大食地理学家记载，当时那里有番人12万人，又说有20万人。[2] 宋代广州仍然保持着许多外番人。公元1206年成书的《南海百咏》中有诗一首，作者方信儒提到了广州的"番人冢"，说在广州"城西十里"，有番人家"累累数千"。可见番坊中的人口不少，在这里生活了许多世代。他们都是涉海而来的番商，多数是西亚来的穆斯林，"目断苍苍三万里"，所以埋葬时"皆南首西向"，即头南脚北，面向西方，以示归向圣地麦加的方向。

1 参见《旧唐书·卢钧传》。
2 参见苏莱曼：《中国印度见闻录》，中华书局1983年版，第96页；并见同书第140页中译者所引麻素地之《黄金草原》的记载。

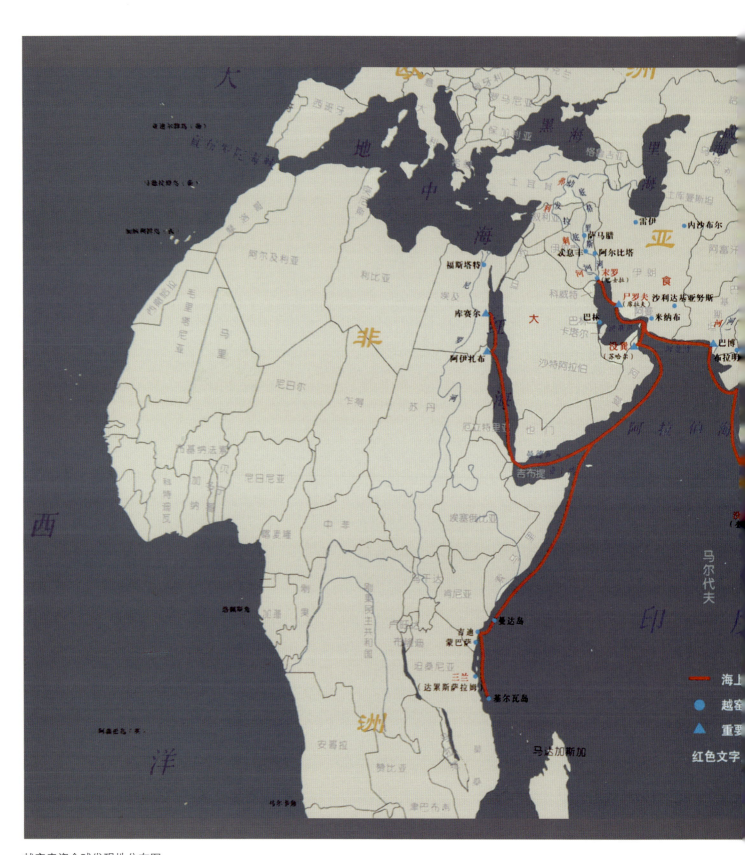

越窑青瓷全球发现地分布图

点

易集散地

括号内为今地名

物品互通篇

陶瓷：一抔泥土的故事

丝绸：宝贝蚕丝的传说

茶叶：来自中国的神奇树叶

"南金"：中国岭南地区的外币

"番货"：进入中国的海外宝货

引进：外来物种的传播

"中国雪"：火药技术的外传

《海药本草》：记述海外医药的重要
医以

《回回药方》：传入中国的伊斯兰医药
典籍

陶瓷：

≫ 一抔泥土的故事

我国先秦时代的硬陶或原始瓷，上的是用铁作呈色剂的灰釉。东汉中叶，我国出现了以涂有铜、铁为呈色剂的铅釉的绿褐色陶器。这种釉色在中国本土缺乏渊源，而与占有东地中海地区的罗马帝国的绿褐色釉陶器相似，我国制陶业很可能在与罗马帝国的交往中学会了这种着色技术，并接受了以绿褐色釉为美的审美观点。[1]

唐以后，随着东西海上交往的迅速发展，中国的出口也急剧增长。许多中国商品在海外诸国找到了自己的市场。瓷器是 8 世纪新崛起的大宗出口商品。唐代陶瓷"南青北白"，均极为发达。越州、长沙等地的青瓷大量涌进国际市场。据考古发现，广东瓷器外销颇为可观，陶瓷业已形成外向型特色，广东成为我国重要的外销瓷生产基地。在现代已经发现的 22 处唐代陶瓷窑址中，外销瓷窑有 8 座，占总数的 36%，分布于沿海地区。其中粤东 2 座（潮州北郊、梅县水车各 1 座），粤中 4 座（南海、新会官冲、三水、广州西村各 1 座），粤西 2 座（廉江、遂溪各 1 座）。[2]

从国外考古发现看，在东南亚、菲律宾出土过唐代广州西村窑产的凤头壶。[3] 泰国曼谷也出土过梅县水车窑的产品。[4] 泰国南部暹罗湾畔素叻泰尼市距茶亚（Chaiya）区 6 公里处的林坡（Laem Pho）村海滨，至今可见大量唐代长沙铜官窑的瓷片。而在半岛另一侧攀牙市的塔库巴（Takuapa）河注入安达曼海的河口处，亦发现有大量伊斯兰陶器。当时的太平洋—印度洋贸易并不全是直达贸易，有相当部分是间接贸易。唐末时许多中国海商把中国陶瓷器贩往海外时，是以暹罗湾边像林坡这样的港口为终点港。华商在这里装上当地商贩翻越马来半岛运来的印度异域货物后便返航。而来自印度、西亚的商贾也往往舍远求近，在渡过孟加拉湾之后便在塔库巴河口这样的小港卸货，然后装上从暹罗湾边翻越马来半岛转运来的中国货返航。

---

1 参见三上次男著，李锡经、高喜美译：《陶瓷之路》，文物出版社 1984 年版，第 12 页。
2 参见《广东唐宋窑址出土陶瓷》，香港大学冯平山博物馆编，1985 年，第 11 页。
3 参见张维持、胡晓曼：《从出土陶瓷看古代中菲关系》，《学术研究》1985 年第 1 期，第 75—80 页。
4 参见广东省博物馆：《广东省古墓葬和古窑址调查发掘报告》，《考古》1987 年第 3 期。

印度尼西亚井里汶沉船出土的唐越窑青瓷及菲律宾出土的唐宋越窑青瓷

埃及富士达特出土的唐宋越窑青瓷

海外藏元代及明代永乐年间龙泉青瓷、白瓷

由马来半岛向西，东西海路交通的另一个中介点是斯里兰卡和南印度。斯里兰卡有几处重要的贸易港，如西北方的满泰（Mantai）、北方的珊巴勒图拉（Sambalturai）、东北方的特林考玛里（Trincomalee，即停可马里）、南方的哥达瓦雅（Godavaya）、西南方的西尼伽玛（Sinigama）和中世纪晚期的西方的高朗步（Colombo，今科伦坡）等。其中以位于斯里兰卡岛东北方与印度次大陆最近处的满泰半岛最为重要。在满泰发现许多11世纪前后的中国及伊斯兰陶瓷器，中国陶瓷中最早的为唐代器皿，唐三彩、越窑器、长沙铜官窑硬质陶及黑釉器皿。

与斯里兰卡隔海相望的印度南部的马八儿，因其地理方位也是东西海路交通的一个重要中转站和中国陶瓷的销售地。在中世纪以前中国陶瓷器很少出口到印度，因为印度湿婆教徒吃饭方式十分简单，地上铺一张芭蕉叶，饭放在叶上，用手抓食，不用餐具。伊斯兰教传入印度以后，印度许多人改变了生活习惯，他们吃饭时使用桌子，在桌上摆上盛食品用的陶瓷器皿。因此，宋代以后，中国陶瓷在印度社会的销路大增。[1]

约于20世纪80年代，印度泰米尔大学考古学教授苏拔拉雅鲁（Y. Subbarayalu）在与斯里兰卡满泰半岛相对的印度南端海滨的一个名曰帕里雅八丹（Pariyapattinam）的小村中发现了一些13—14世纪的中国龙泉青瓷碎片和一些14世纪的景德镇青花瓷碎片。

---

1 参见辛岛昇：《13—14世纪南印度与中国的贸易关系》，载《东西海上交流史研究》卷1，日本东西海上交流史研究会、中近东文化中心编，1989年，第61页。

唐代中期以后，中国的陶瓷器已经开始远销西亚和北非。

黑衣大食的中心伊拉克是中国陶瓷器在西亚的主要销售地之一。宋元时代，中国瓷器仍然源源不断地被贩运到这里。在巴格达以北120公里处的撒玛拉（阿拔斯王朝836—892年期间的都城），20世纪已进行过数次大规模调查与发掘，发现的中国陶瓷碎片有唐三彩式的碗、盘，绿釉和黄釉的瓷壶碎片，白瓷、青瓷片，多属晚唐、五代和宋代器物，其中不少为9—10世纪越窑瓷。在巴格达东南处的阿比尔塔，考古学家也发现了9—10世纪制作的褐色越窑瓷和华南白瓷残片。[1]巴格达以南35公里处的斯宾城遗址中也发现了12—13世纪龙泉青瓷片。伊拉克南部的库特城（Kut）东南70公里处的瓦西特（Wasit）出土了外侧起棱的南宋青瓷碎片和内侧及中央贴花的元代龙泉窑青瓷残片。

阿拔斯王朝的其他地区、蒙古时代的伊利汗国及其周邻地区，也都有中国陶瓷的踪影。在叙利亚，1931—1938年丹麦国家博物馆调查队在哈玛（Hamat）也掘到元代白瓷、青花瓷、青瓷碎片。其中有些被考古学家辨认为宋德化窑白瓷片、南宋官窑的牡丹浮纹青瓷片和内侧及中央贴花的元代龙

---

1 参见三上次男著，李锡经、高喜美译：《陶瓷之路》，文物出版社1984年版，第82页。

广东汕头"南澳1号"沉船出水瓷器

伊朗国家博物馆藏元代蓝地白花云龙纹菱口盘

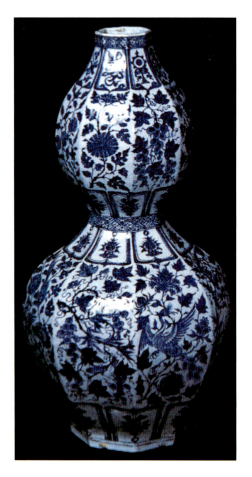

土耳其伊斯坦布尔托普卡帕宫博物馆藏青花
凤凰花卉草虫八角瓢形瓶

泉窑青瓷残片。在黎巴嫩贝卡谷地的巴勒贝克（Baalbek），发现了宋代龙泉窑莲花瓣纹青瓷碎片和元代花草图纹的青花瓷碎片。汪大渊在《岛夷志略》中曾提到，"青白花瓷"是天方所需的中国商品。在波斯湾地区和阿拉伯半岛南部的考古发现证实了汪大渊的记载。巴林，人们曾在卡拉托林之南的清真寺废墟和海滨收集到28块青瓷片和58块青花瓷片。另外，阿拉伯半岛南端的也门、阿曼的许多地方都出土过中国瓷片。

伊朗东部呼罗珊地区自古与中国关系密切。1936年、1937年、1939年美国纽约大都会博物馆3次发掘伊朗内沙布尔古城，发现大量唐宋瓷器与残件，其中有唐代广东窑白瓷钵、碗残件。[1] 此外，波斯湾地区还发现过中国宋代铜钱。巴林对岸沙特达兰市附近的卡提夫出土过北宋铜钱"咸平通宝"（998—1003年）、"绍圣元宝"（1094—1097年）和南宋的铜钱"绍定元宝"（1228—1233年）。

陶瓷器是最受西亚、北非人民欢迎的中国商品。中国陶瓷器火候高，质地坚硬，花色品种多，造型优美，色彩柔和美丽。但因长途转输不易，能够用上中国舶来品的只是少数豪富之家。巨大的销售市场吸引了西亚的能工巧匠，他们纷纷努力钻研，尽可能地模仿受人喜爱的

---

1 参见沈福伟：《中西文化交流史》，上海人民出版社1985年版，第208页。

中国陶瓷。1936、1938 年，先后在 9 世纪阿拔斯王朝都城遗址萨玛拉出土了绿釉系、三彩系、黄褐釉系的陶器。这些都是当地陶工按中国式样的釉色仿制的陶器，其火候很低，只是一种软陶，质地虽然远不能与中国陶相比，但却受那些用不起真正中国陶器的人家的欢迎。

在埃及法蒂玛王朝，一位名叫赛义德的工匠以宋瓷为模式努力仿制，终于成功。他教授了许多弟子，形成流派。他们十分注意中国瓷器的变化，并不断地更新自己的仿制品：最初仿制青瓷、白瓷，元以后又仿制青花瓷。他们从形制到纹样一概仿制，据 11 世纪中叶到过埃及的波斯人纳赛尔·火思鲁记载，这些仿制品"十分美妙、透明，以至一个人能够透过瓷器看见自己的手"[1]。从考古学家发现的器物看，11 世纪以后的仿制品从外观上来看，的确与真品甚近。

尽管西亚、北非的工匠努力模仿中国产品，但他们的仿制品只是陶器，而非瓷器。制瓷需要两个必要条件：一是原料，瓷土是一种专门的土，称为高岭土；二是烧窑技术，制瓷的窑温比制陶高得多。画虎画皮难画骨，这些异域工匠当时所追求的不过是形似，当时西亚没有发现制瓷的原料高岭土，当地的窑也无法烧到制瓷所需的高温，所以这些仿制品并不是瓷器，而是陶器。中国青花瓷所采用的是釉下彩工艺，制作时涂画青花颜料氧化钴后，便入窑烧制，出窑后上一层釉，再入窑烧制。这种产品色彩在釉之下，永远洗不掉。埃及仿制的青瓷、青白瓷和青花器，乍看上去，无论器形、颜色，还是纹样均与中国原产品十分相似，但埃及仿制品的胎质为陶，硬度远低于中国瓷，釉普遍比中国产品厚，像一层玻璃覆盖在器物表面，其质量远远比不上正宗的中国货。这些仿制器物虽然质量不高，但毕竟满足了西亚普通百姓喜爱中国瓷器的心理。

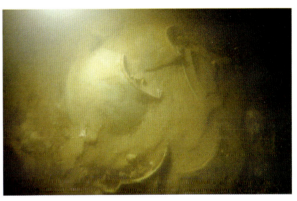

闽江口沉船中的青花瓷器

1 希提著，马坚译：《阿拉伯通史》，商务印书馆 1979 年版，第 756 页。

在埃及首都开罗城内的富士达特（al-Fustat，意为"帐幕"）遗址是古代海外著名的陶瓷发现地。考古学家们从 1912 年开始对这里进行发掘。除了埃及陶片以外，发现最多的就是中国陶瓷片，共发现约 12000 片，占全部发现的瓷残片的 1/50~1/60。中国陶瓷残片的时代从 8—9 世纪的唐代至清代，其中以唐三彩的残片最早，此外还有邢州白瓷、越州瓷、黄褐釉瓷、长沙窑瓷等，而以越窑产品最多。至于宋瓷，多属影青瓷及龙泉窑瓷。这里发现的中国陶瓷多为华南制品，华北的极少，只发现了少量的"辽白瓷"，这个现象说明中国与红海地区的贸易港集中在华南。集中在富士达特的中国陶瓷被大食商贾们转贩至尼罗河河口处的亚历山大，然后再被转运至木兰皮（马格里布）诸国、地中海东岸诸地和欧洲。

埃及富士达特出土的唐宋越窑青瓷

伊斯兰工笔画所绘中国瓷器运输过程（土耳其托普卡帕宫博物馆藏）

在富士达特遗址堆积如山的残存陶瓷片中，有 70%～80% 是仿制中国器物的残片。明朝以后，奥斯曼帝国所在的小亚成为新的仿制中国青花瓷中心，这一流派的产品在西亚、北非许多地方都有发现，其中保存完好的珍品被世界上许多著名的大博物馆收藏，成为伊斯兰世界陶瓷业发展过程中的一个重要阶段。富士达特遗址的发现及其以后时代西亚、北非大量出现的中国瓷器仿制品证明，中国陶瓷的大量出口改变了西亚、北非的社会审美观，以至于社会上流行的器皿审美观以是否与中国式样相近为准。因此从唐末以来，西亚、北非陶业界仿制中国陶瓷成为一种风气，制陶业成为一项极为有利可图的行业，数百年来长盛不衰。

富士达特发现的中国陶瓷，应有相当部分来自位于今东非苏丹红海岸边的阿伊扎卜（'Aydhab）。据 12 世纪后半期旅行家伊本·朱拜尔（Ibn Jubayr）等人记载，10 世纪以来，从印度驶往埃及的商舶均先抵达阿伊扎卜，舶货中以中国瓷器为大宗。至今在阿伊扎卜绵延约 2 公里的海岸边，到处散布着中国陶瓷碎片，其最早者为唐末器物，还有越窑青瓷、龙泉青瓷、白瓷、青白瓷、青花器、黑褐釉瓷等，时代从唐末至明初。在一些朴质无华的黑褐釉壶的残片内，可发现有"口清香"字样的戳印。这些发现证实了文献记载的可靠性。中国瓷器运抵阿伊扎卜后，一般使用驼队

清代乾隆广彩开窗希腊神话图碗（出口瓷器），广州博物馆藏

清代广彩倭角方形徽章盘，广东省博物馆藏

明代青花外销瓷，江西博物馆藏

运到尼罗河中游的库斯和阿斯旺。从库斯可溯尼罗河而上，运抵埃塞俄比亚，从阿斯旺可顺流而下，运往富士达特和尼罗河口。红海边另一个装卸中国瓷器的重要港口是埃及南部的库塞尔，距苏伊士湾口约650公里，至今那里尚可找到大量中国唐末宋初的越窑瓷、宋龙泉青瓷、景德镇青白瓷和元末明初的青花瓷碎片。

唐宋以后，瓜达富伊角以南的东非地区也成为中国陶瓷的重要销售市场。在东非沿岸的许多遗址，中国瓷片堆积之多简直可以整铲整铲地挖掘。[1] 这些中国陶瓷残片的发现、收集、整理和鉴定，为研究中非经济文化史及东非本地经济发展史提供了宝贵的资料，以至于一些学者认为："东非的历史是由中国的瓷器所写成的。"[2]

中世纪时东非沿海地区的中国陶瓷转运港口极多。在索马里的主要有沙丁岛和伯贝拉、摩加迪沙、基斯马尤，以及克伊阿马诸岛。在肯尼亚的主要有坦福德·帕塔、曼达岛、拉木岛、曼布尔伊、格迪、马林迪、基利菲、马纳拉尼、蒙巴萨等。其中在格迪发现一只质量甚为精美的瓷瓶，饰以红铜色，学者们认为这是一件外交礼品。

---

1 参见 B. Davidson：*Old Africa Rediscovered*，London，1960.（戴维森：《古老非洲的再发现》，伦敦，1960年，第221页。）

2 G.S.Freeman Grenville：*The Medieval History of the Coast of Tanganika*，Berlin，1962.（弗里曼·格林维尔：《坦噶尼喀海岸地区中世纪史》，柏林，1962年，第35页。）

荷兰吕伐登普利霍夫博物馆的漳州窑瓷器墙

在坦桑尼亚沿海发现有中国陶瓷碎片的遗址有46处，主要有奔巴岛、马菲亚岛、基尔瓦岛等。其中在基尔瓦岛出土有唐末到宋初的越州窑瓷、白瓷碗，有元代描绘着凤凰蔓草花纹的青花瓷、素地雕花白瓷，还有大量14—15世纪的青瓷，种类繁多。这里还发现了14—15世纪的越南黑褐釉陶器、同时代的泰国宋加禄窑青瓷和一片日本古伊万里青花瓷残片。[1] 而在基西马尼·马菲亚也发现了一只瓶，大致与在肯尼亚发现的瓷瓶属于同类，饰以红铜色和蓝白色。[2]

中国瓷器在东非不仅是生活日用品，而且成为建筑装饰品。在诸如肯尼亚的迪格、基利菲等许多沿海古老的清真寺遗址中，都可见到墙壁上隔一定距离便镶有一件中国瓷碗或瓷碟，有些寺院还把中国瓷器镶在大厅圆形的拱顶上。甚至在埃塞俄比亚距海岸遥远的冈达尔地区，宫殿的墙壁上也镶有中国瓷器。这证明在中世纪时东非上流社会中存在着建筑物中以镶嵌中国瓷器为美的风气，这种风气不仅在沿海地区存在，而且传到东非内陆。同时，东非这一时期的许多墓碑也镶有中国瓷器，瓷器上的花纹有花、树、果、鱼、鸟等等。有的墓碑顶部还有一只中国瓷罐，表明愿死者在另一个世界也能与中国瓷器为伴是死者亲属的最大心愿。

---

1 参见三上次男著，李锡经、高喜美译：《陶瓷之路》，文物出版社1984年版，第32页。
2 参见何芳川：《源远流长、前途似锦的中非文化交流》，载于《中外文化交流史》，国际文化出版公司2008年版，第815页。

印尼雅加达国立博物馆与漳州市博物馆所藏明五彩花卉军持

土耳其托普卡帕宫博物馆藏元青花缠枝牡丹纹葫芦瓶

英国埃斯肯那兹有限公司藏元青花鬼谷子下山图罐

英国戴维中国艺术基金会藏元至正十一年（1351年）
青花云龙纹象耳瓶

日本出光美术馆藏元青花昭君出塞图盖罐

英国剑桥大学费兹威廉博物馆藏元青花
缠枝花卉纹镂空器座

俄罗斯圣彼得堡艾尔米塔什国立博物馆藏元青花
缠枝莲花朵宝纹蒙古包

美国波士顿博物馆藏元青花三顾茅庐图带盖梅瓶

英国维多利亚与阿尔伯特博物馆藏元青花地白花如意花卉纹盘

古罗马美娜德身着丝绸外衣壁画，意大利那不勒斯博物馆藏

丝绸：
≫ 莹亮蚕丝的传说

　　公元前 53 年，由古罗马"三巨头"之一的执政官、叙利亚总督克拉苏率领的 7 个军团，在幼发拉底河以东的卡莱尔古城附近，被安息军队包围。史学家描述了那场长久留在罗马人记忆中的惨败：安息人围困罗马军团后，敲响巨型皮鼓，发出阵阵狂吼，从心理上打击训练有素的罗马士兵；射出的箭镞有如暴风骤雨。在射杀大批罗马士兵之后，安息人派军直冲敌阵，砍杀罗马人及其坐骑马腿。而罗马军队反击时，安息军则速退。眼看难逃被歼的命运，罗马军队决定突围，小克拉苏率由罗马人和高卢人组成的敢死队不断向安息军冲击。一日正午，两军激战之际，安息人突然亮出他们的军旗。这些军旗鲜艳刺眼，加之烈日炎炎，使罗马军队眼花缭乱，彻底崩溃，被安息军队围歼。克拉苏及其子小克拉苏的头颅，被送到了安息国王奥罗得斯的眼前。历史学家弗罗鲁斯认为，在那次遭到毁灭性打击的战役中，刺乱罗马士兵的目光，使之心惊胆战、丧失斗志的五彩斑斓的安息军旗，就是罗马人所见到的第一批丝绸。直到公元 70 年左右，罗马人立足叙利亚之后，才确定安息制作军旗的奇异织品，并非产自安息本土，也不可能出自宿敌希腊人，而是来自难以想象的遥远的东方。罗马人接受了希腊人出产丝织的神秘国度的称呼，即塞里斯国。

当时，安息人垄断了中国与西方之间的丝绸贸易。安息商人将来自中国的丝绸转售给地中海沿岸各民族的商贾。东汉甘英出使抵达安息后，曾继续前行，到达西海边（即波斯湾），希望乘船前往大秦，即罗马帝国。但安息人恐怕汉与大秦建立直接联系后，会丧失垄断丝绸贸易的利益，对甘英谎称海路前往大秦时间过于漫长，航程极为艰险，使甘英未能前往大秦。

卡莱尔之战的 50 年后，曾让罗马士兵望而生畏的丝绸成了罗马上流社会的奢侈品。当时，丝绸几乎是无价之宝，并不是大多数人能够买得起的珍品。罗马贵族生活奢华，追求丝绸服饰成为时尚。丝绸虽然已经传到欧洲，但在罗马帝国时代仍十分稀罕。起初罗马贵族只能用丝绸制作花边饰纹，然后用作衣服襟边的装饰。由于丝绸原料缺乏，罗马人甚至把零星的丝绸边料拆开，抽取其中的丝来用。罗马人喜爱丝绸不仅是因为丝绸轻薄，而且因为罗马人崇尚紫红色。当时地中海地区的工匠用某种贝类液汁来制造紫红染料，而恰恰丝料很容易着上这种鲜艳的颜色。

唐代伏羲女娲绢画，吐鲁番阿斯塔那墓地出土，吐鲁番博物馆藏

随着东西海路交通的开通，来自中国的丝绸逐渐多了起来。上层贵族们开始有条件穿着丝绸的衣服。据公元 1 世纪中叶罗马史家鲁卡努斯 (Lucanus) 记载，埃及女王克利奥巴特拉（公元前 48—前 30 年在位）所拥有的丝绸衣服曾引起许多人的羡慕。其实这位埃及艳后的衣裙原料并不是中国原产的丝绸，而是把中国的绫绮用针拆开，重新织就的。凯撒皇帝也穿过这种重织的丝料衣服，并使用过丝绸伞。普林尼也提到，穿着中国丝绸的罗马少女的体态显得分外婀娜多姿。罗马帝国工匠这种拆解中国丝绸重新编织的做法，也见于中国史籍。据唐代杜佑记载，大秦人"常利得中国缣素，解以为胡绫纰纹"[1]。缣是一种以多股丝织成的绢，十分致密。罗马工匠拆解的原因可能是丝绸原料过于难得，把多股丝拆开，可织成更多的轻薄绸缎。

提到罗马帝国与中国的贸易，普林尼在其《自然史》一书中还描述了罗马贵族的奢侈之风，说他们除了用珠宝装饰自己以外，还用它们来交换丝绸。他们"远赴赛里斯国以换取衣料"。罗马人出口最多的是琉璃（坡璃）制品。罗马帝国控制下的地中海地区是世界琉璃制造业的中心。据普林尼记载，罗马每年约有 1 亿赛斯透斯 (Sesterces) 的金钱流入印度、赛里斯及今阿拉伯半岛三地。这是当时罗马帝国与东方年贸易额的大致数字。

---

1 杜佑：《通典》卷一九三《边防九·西戎五·大秦》。

清代茶叶外销画组图，中国茶叶博物馆藏

茶叶：
>>> 来自中国的神奇树叶

我国是茶的原产地、茶的故乡，茶是中国奉献给世界人民的健康饮料。中华茶文化丰富发展的历史也是中华茶文化对外传播交流的历史。

公元 851 年，阿拉伯人苏莱曼在《中国印度见闻录》介绍中国广州的情况时，就已提到茶叶。14 至 17 世纪，经陆路，中国茶传播到中亚、波斯、印度西北部和阿拉伯等地区。

西方的传教士来华传教，亲睹中国社会饮茶的风气，于是将茶介绍到欧洲。明代入华的意大利传教士利玛窦在其《利玛窦中国札记》中，对中国的饮茶习俗有详细记载。此书在刊出后，引起欧洲社会关注，增加了人们对中国茶的好奇心。17 世纪时的欧洲向往东方成为时尚，饮茶也因此逐渐走入欧洲人的生活。明万历三十五年（1607 年），荷兰海船自爪哇来我国澳门贩运茶叶。1610 年，荷兰直接从中国贩运茶叶，转销欧洲。这是中国向欧洲输出茶叶之始。此后的数十年间，茶叶出口成为荷属东印度公司的主营业务。

英国饮茶的历史可以追溯到 16 世纪。公元 1600 年，英国茶商托马斯·加尔威写过一本名为《茶叶和种植、质量与品德》的书。1615 年，英属东印度公司开始经营茶叶，当时主要从日本少量进口，后来改从荷兰人处购买。1644 年，英国开始在厦门设立机构，专事贩茶，主要货源为武夷茶。清康熙三年（1664 年），英属东印度公司在澳门设立办事处，此后中国的茶叶不断由该公司输入英国。 1657 年，伦敦一名叫托马斯·加韦的咖啡店老板把茶叶当作饮料，招贴广告来宣扬中国茶的品质与效用。广告上说"曾由各国医生证明之中国饮料，中国人称为茶，现出售于伦敦皇后像咖啡馆"，这是英国出现第一则茶叶广告，也可视为英国最早的售茶记录。真正促进饮茶生活化的是英国皇室，英国茶文化，一开始就和皇室挂上了钩，1662 年嫁给英王查理二世的葡萄牙公主凯瑟琳，人称"饮茶皇后"。当年她的陪嫁包括 221 磅红茶和精美的中国茶具。在红茶的贵重堪与银子匹敌的年代，皇后高雅的饮品引得贵族们争相效仿。由此饮茶风尚在英国王室传播开来，不但宫廷中开设气派豪华的茶室，一些王室成员和官宦之家也群起仿效，在家中特辟茶室，以示高雅和时髦。进而饮茶成为全社会的风气。[1]

---

1 参见乐素娜：《中国茶文化在东西交流中的影响——以英国茶文化为例》，《茶叶》2011 年第 2 期，第 122 页。

清代茶叶外销画组图，中国茶叶博物馆藏

英国使节马嘎尔尼拜见乾隆帝

据西方主要输入茶叶的国家推算，16 世纪时，中国茶叶外销量还微不足道，17 世纪总销量在 21000 余担，但至 18 世纪便激增至 890 万担左右，一个世纪增幅 400 余倍。19 世纪的前 40 年，中国茶叶出口已达 1500 万担，超过 18 世纪总量 600 余万担。[1] 英国由于大量购买茶叶而造成严重贸易逆差，以致造成白银大量外流。英国在 18 世纪派出使臣马嘎尔尼出使清朝，带来英王的贵重礼品，要求中国购买英国商品，以平衡收支。

为了解决购买中国茶叶的贸易逆差，英国人除了在英属东印度公司种植鸦片，向中国贩运之外，还将茶树引种到自己的殖民地。19 世纪 30 年代，英国开始在印度发展茶业。"大约在 1851 年，印度对于茶的投资兴趣越发的浓厚。由于阿萨姆公司的发达，与其他各区新开茶园的兴旺，都让人们把注意力集中在这项新兴的产业上。"[2] 茶业狂潮到 1865 年泛滥到了极点。至 1900 年，印度茶叶出口量超过中国，位居世界第一位。[3] 在印度植茶成功后，英国又把植茶推广到锡兰 (今斯里兰卡)。1875 年，锡兰茶园面积 1080 英亩，1895 年，至 305000 英亩，20 年间种植面积几乎扩大至 300 倍。1915 年，再扩大至 402000 英亩[4]，又增长 30%。英国在印度、锡兰植茶成功后，又在非洲的尼亚萨兰（今马拉维）、肯尼亚、乌干

1 参见陶德臣：《中国茶向世界传播的途径与方式》，《古今农业》2014 年第 4 期，第 48 页。
2 威廉·乌克斯：《茶叶全书》（上卷），东方出版社 2011 年版，第 179 页。
3 参见陶德臣：《英属印度茶业经济的崛起及其影响》，《安徽史学》2007 年第 3 期，第 5—12 页。
4 参见威廉·乌克斯：《茶叶全书》（上卷），东方出版社 2011 年版，第 205 页。

瑞典哥德堡号沉船打捞出的中国茶叶，广州博物馆藏

清代乾隆广彩开窗西洋人物图茶壶（出口瓷器），广州博物馆藏

达、坦桑尼亚等地投资开辟茶园，发展茶叶生产，均取得相当的成功。这些地方都成为今天世界上较有影响的茶叶生产国。此外，英国还在澳大利亚、婆罗洲、马来亚、毛里求斯、斐济、牙买加等地种植过茶叶。荷兰则在爪哇和苏门答腊发展茶业，并最终取得成功。此后，这一带成为世界重要产茶地之一。[1]

18 世纪，饮茶之风已经风靡了整个欧洲。欧洲殖民者又将饮茶习俗传入美洲的美国、加拿大以及大洋洲的澳大利亚等英、法殖民地。到 19 世纪，中国茶叶的传播几乎遍及全球。目前英国人平均消费茶叶 3 公斤左右，是全球人均消费茶叶最高的国家。英语中有 Teatime 一词，专指占据英国人 1/3 生命的饮茶时间，包括早茶、上午茶与下午茶。正统的早茶主要是精选印度阿萨姆、锡兰、肯尼亚等地的红茶调制而成。上午茶又称为"公休茶"，大约持续 20 分钟，可视为工作间隙的一种调节。下午茶可以说是真正意义上英国茶文化的载体，相当讲究，配以各种点心。中国的茶和茶文化传播到英国后，形成了独具特色的英国茶文化，对英国社会的生活方式、精神生活等都产生了深远的影响。[2]

1 参见陶德臣：《中国茶向世界传播的途径与方式》，《古今农业》2014 年第 4 期，第 50 页。
2 参见乐素娜：《中国茶文化在中西交流中的影响——以英国茶文化为例》，《茶叶》2011 年第 2 期，第 122 页。

"南金"：
➤➤ 中国岭南地区的外币

《隋书·食货志》提到，南梁时中国内地大多数地区交易用铜币或实行物物交换，只有在"交、广之域，全以金银为货"，其原因是各国番商会集于此。这一现象曾有多人提及，如唐代张籍诗云："海国战骑象，蛮州市用银。"元稹在其《长庆集·钱货议状》中提到："自岭以南，以金银为货币。"被贬官到潮州的韩愈也记载道："五岭买卖皆用银。"

中国钱币学家很早就注意到域外泉货。从汉代史学家司马迁的《史记》开始，中国史书就开始记载有外国货币的形制。南宋学者洪遵（1120—1174年）所著《泉志》中，收有钱币348枚，其中外国钱币85枚，占近1/4。这些钱币有些洪氏并未亲见，只是摹刻前人所录，沿袭谬误，以至不可识。有些因资料缺乏，文字记载过于简略。

近年来，在岭南地区的考古发掘中曾数次发现古代外国货币。与中国流出境者多为铜等贱金属币的情况相反，流入中国者多为贵金属币。如1960年7月，广东文管会与华南师院历史系在英德县对南齐时代5—6世纪之交的墓葬的考

南朝波斯萨珊王朝银币，遂溪县出土，遂溪县博物馆藏

清代西班牙银币，湛江市百姓村出土，湛江博物馆藏

古发掘中，发现萨珊王朝银币 3 枚，其中 2 枚已残，1 枚完好。完好的那一枚钱币中间有两个穿孔[1]，银币正面是头戴王冠的国王头像，背面中央是祆教火坛，上有长明火，火之上有日月。2 枚钱币残缺可能是在流通过程中取零分割所致。据夏鼐教授考证，这些银币是萨珊王朝卑路斯皇帝 (Peruz，457—483 年) 统治时期所制。而在韶关则发现了 9 片萨珊王朝银币。[2] 与之类似，1973 年 3 月，在广东曲江县南华寺东南山坡的南朝古墓中，发现了 9 片剪切开的波斯银币，片与片不能对合，可能也是在流通过程中取零分割所致。

1984 年 9 月 29 日，广东省遂溪县附城区边湾村村民在平整屋基地时，发现了一个带盖陶罐，罐内藏有金银器物，流落在群众手中，后收回破碎银器 3.55 公斤、金环 2 个、鎏金盅 2 个、波斯银币 20 枚。估计陶罐中原装有银币达一二百枚。这是一次空前的发现。从收集到的银币看，共分为 4 种式样，正面皆为头戴王冠的国王头像，背面中央皆是祆教火坛，上有长明火，火之上有日月。

这批银币中不少有穿孔，当是用作佩物时的系绳孔，或如中国铜钱一样用绳系携。如果是用作前者，则说明这些外来银币在当时的富裕之家中，既用作装饰品，亦作为通货使用。在取零时还常常切割银币。遂溪波斯银币发现地向东约 1 公里处，有西溪河流经，约 10 公里外为此河入海处。可能这批波斯银币与泛海而来的波斯海商有关。

---

1 参见广东省文物管理委员会、广东省博物馆、广东省文物考古研究所等编：《南海丝绸之路文物图集》，广东科技出版社 1991 年版，第 44 页。
2 参见夏鼐：《综述中国出土的波斯萨珊朝银币》，《考古学报》1974 年第 1 期，第 91—110 页。

漳州博物馆藏荷兰、墨西哥银币

在岭南流通的这些波斯银币无疑来自入华贸易的西亚海商。据《南史》记载，南朝时一年抵达广州的外国船舶少时三五艘，多则十余艘。[1]换句话说，到港的外国船至少平均每一季度一艘，多时可达平均每月一艘，中国船为数当不在此下。在岭南流通的海外贵金属币多数当是通过这种渠道流入的。

波斯海商到广州的目的多为采购丝料。唐代新罗僧人慧超曾提到，波斯人喜好经商，"常于西海泛舶，入南海向狮子国取诸宝物，所以彼国云出宝物。亦向昆仑国取金，亦泛舶汉地，直至广州，取绫绸丝绵之类"[2]。慧超提到的西海即波斯湾，"入南海"即从波斯湾驶入阿拉伯海，进入印度洋。波斯人向东航行有几个重要的目的：首先到南亚次大陆南端的狮子国，即斯里兰卡"取诸宝物"，斯里兰卡自古出宝石；然后前往昆仑国，即东南亚"取金"，东南亚是出产金子的地方；最后到中国购买丝绸。

在当时的世界贸易中，中国与海外诸国的关系类似于今天发达国家与不发达国家的关系：中国生产力高度发达，产品受到各国人民的喜爱，到处有销路，是制成品的大量输出国；而海外诸国的商品除了香料、药材以外，受到中国市场欢迎的大宗物品不多，所以番商在中国采购要用硬通货支付。这就是南朝至唐代海外金银源源不断地流入岭南的原因。

在唐代，岭南流通的金银被通称为"南金"，诗人王建在其《送郑权尚书南海》中提到，"市喧山贼破，金贱海船来"。由此可见，番客来到中国海港，使用硬通货支付所购中国货款数额巨大到足以影响岭南地区金价的地步。平民百姓足不出户，只要从黄金跌价便可知又有番舶到港。只有等过一个时期，过量流入岭南的金银分道流向中国内地，广州的金价才回复到正常水平，而下一轮番舶到港后，再重新开始金银价格先跌后扬的循环。

1 参见《南史·吴平侯景传附子劢传》。
2 《游方记抄》，《大正新修大藏经》卷五一，第 978 页。

漳州博物馆藏荷兰、西班牙、墨西哥等国银币

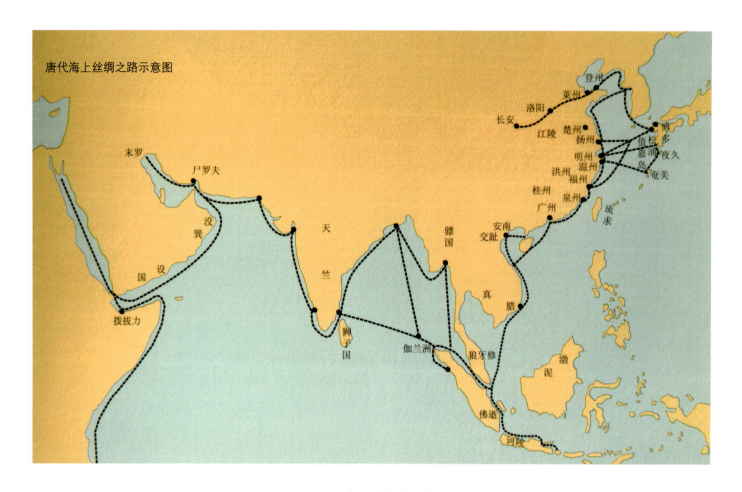

唐代海上丝绸之路示意图

"番货"：
》进入中国的海外宝货

西汉时期海外物产已经源源不断地进入中国。据《汉书·平帝传》记载："元始二年（公元2年）春，黄支国献犀牛。"实际上，犀牛通过贸易进入中国的时间比上述文献记载要早。1955年在广州东山梅花村2号墓的南越国时期墓葬中，就出土了4枚陶制犀牛角模型，陶胎为红黄色，较残，大小相近，残长10厘米。1960年在广州三元里马鹏岗1号墓出土了15枚陶制犀角模型。其中6枚为青灰色胎，质地极坚硬；其余9枚为红黄色，质地略软，形制相同，底挖空成圆锥形，与角体相应，角尖切平，大小相近，长17厘米，底径6厘米。[1] 同墓出土的还有木胎漆扁盒，高34.2厘米，腹部最宽35.9厘米，两面均以朱漆绘犀牛，形态生动。[2] 犀牛产于东南亚、南亚和非洲，万里迢迢从黄支国运抵中国是一件极为不易的事情，没有重利吸引是办不到的。汉文帝时，南越王赵佗归汉，从他上书朝廷称托使臣陆贾带回贡品中有犀角10枚来看，犀角当时在统治阶级上层也是极为珍贵的。

---

1 这种陶质犀角模型的照片见《南海丝绸之路文物图集》，广东科技出版社1991年版，第26页。
2 参见广州市文物管理委员会、广州博物馆编：《广州汉墓·西汉前期墓葬·随葬器物》，文物出版社1981年版。

南朝波斯萨珊王朝银碗，遂溪县出土，遂溪县博物馆藏

南朝波斯萨珊王朝银手镯，遂溪县出土，遂溪县博物
馆藏

唐印度风格摩羯纹多曲银碗，厦门陈元通夫人汪氏墓出土，厦门博物馆藏

广州汉南越王墓出土波斯阿黑门尼德王朝时代风格锤（揲）工艺银碗

东晋玻璃杯，南京象山出土，南京市博物馆藏

　　1983 年考古学者发掘了位于广州解放北路象岗山的南越国第二代国王赵眜的陵墓。其中，西耳室中出土了大象牙 5 枚，成堆叠置在一起。每枚的长度均超过 1.2 米，最长的达 1.26 米，全属粗壮形，形态特征和大小比例与亚洲象的纤细形牙区别明显，应为非洲象牙。[1] 由此可见，西汉时印巴次大陆的南端并非当时海上丝绸之路的终点，非洲的物产已经辗转贩运，进入中国。这说明，很可能先秦时代，中国与印度洋西部地区及非洲就有直接或间接的接触。另有一件带盖的扁球形波斯银圆盒，通高 12.1 厘米，腹径 14.8 厘米，重 272.6 克，盖与器身吻合。盖与器身均施有突蒜瓣形主纹带，为典型的波斯纹式。盖沿和器沿各饰有一条穗状窄纹带，表面鎏金极薄。上有汉字铭文，是携入中国后镌刻上去的。这是墓主南越王赵眜生前盛药的器物。此银盒与伊朗苏撒城 (Susa) 所出土的阿黑美尼德王朝时期于公元前 5 世纪所制刻有波斯王薛西斯 (Xerxes) 的名字的银器类同。它很可能是古波斯帝国时代的器物。这件文物的出土说明，可能在先秦时代，中国与波斯已有海上往来。

---

1 参见麦英豪：《汉代番禺的水上交通与考古发现》，见《广州外贸两千年》，广州文化出版社 1989 年版。

唐代中国封建社会进入鼎盛时期，海外贸易也发展到一个新高峰。据日本僧人记载，唐开元年间（713—741年），广州珠江中可见"婆罗门、波斯、昆仑等舶，不知其数；并载香药、珍宝、积载如山。其舶深六七丈。狮子国、大石国、骨唐国、白蛮、赤蛮等往来居［住］，种类极多"[1]。唐代宗大历年间（766—779年），每年抵达广州的番舶少则四五艘，多则四十余艘。[2] 韩愈在《送郑尚书序》中描述广州海外贸易之兴盛时说："外国之货日至，珠香、象犀、玳瑁、奇物溢于中国，不可胜用。"

唐以后，海外贸易继续发展，沿海港市也一直保持着繁荣。许多文献描述过广州的情况。如李焘说"番禺宝货所聚"[3]，《宋史》称"广州宝贝丛凑"[4]，宋人程师孟诗云："千门日照珍珠市，万瓦烟生碧玉城。山海是为中国藏，梯航尤见外夷情。"[5] 绍兴二十三年（1153年）间，广州"大贾自占城、真腊、三佛齐、阇婆涉海而至，岁数十柁"[6]，西南群夷之珍，如犀、象、珠、香、流离等，无所不有。

古代西亚的玻璃生产业远比中国的发达，制造玻璃是地中海地区人民的一项传统技术。埃及人在公元前2500年已经开始生产玻璃，后来的腓尼基人、罗马人、叙利亚人都掌握了精湛的技艺，其产品不但色泽鲜艳、透明度高、耐冷热，而且形制也优于我国土产玻璃。正是因为土产玻璃与进口玻璃之间的质量差别，在魏晋时代以前，外来玻璃器被视为如同宝石一般珍贵，所以海外玻璃器贸易有利可图。近数十年来，我国东南沿海的许多地方出土过进口玻璃品。

西晋越窑青釉狮形烛台

---

1 真人元开：《唐大和上东征传》，汪向荣校注本，中华书局1979年版，第74页。
2 参见《新唐书·李勉传》。
3 《续资治通鉴长编》卷六十六，景德四年七月甲戌。
4 《宋史·蔡京传》。
5 王象之：《舆地纪胜》卷九十九《题共乐亭诗》。
6 洪适：《盘洲文集》卷三十《师吴堂记》。

汉代蓝色玻璃碗，1954 年广州出土，广州博物馆藏，其玻璃成分为
钠钙，与中国铅钡成分不同，为舶来品

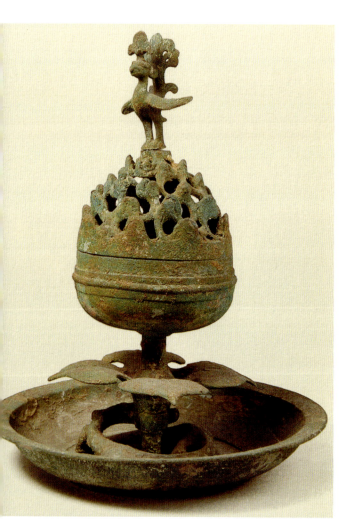

汉代青铜熏炉，山东博物馆藏

先秦时代域外玻璃已经输入我国。湖南长沙的战国楚墓出土过一件蓝玻璃珠，经测定属于"钾玻璃"系统。[1] 广西出土的 13 件汉代琉璃器，仅有 2 件属于中国土产"铅钡玻璃"，其余均为"钾玻璃"；而广州西汉后期墓中出土的 1 件乳白色琉璃珠和广州东汉前期的 3 件琉璃珠也都属于"钾玻璃"。可见"钾玻璃"在相当长的时期内曾不断地进入中国市场。

1954 年广州市横枝岗出土了 3 件形制相同的西汉中期玻璃碗。碗呈紫蓝色，半透明，平底，模制成形，内壁光滑，外壁及口沿打磨呈毛玻璃状。据同位素 X 射线荧光分析，属钠钙玻璃系统，似为地中海南岸罗马帝国玻璃制作中心的产品。[2]

中国原本没有燃香的习俗，香料的产地多在海外。《史记》和《汉书》提到在番禺集散的物品中有一种叫作"果布"。所谓"果布"应即"果布婆律"，它是马来语龙脑香 kapar barus 的音译。这种香料盛产于苏门答腊、马来半岛、婆罗洲等地。

1 参见高至喜：《论我国春秋战国的玻璃器及有关问题》，载《文物》1985 年第 12 期，第 54—65 页。
2 参见广东省文物管理委员会、广东省博物馆、广东省文物考古研究所等编：《南海丝绸之路文物图集》，广东科技出版社 1991 年版，第 24 页。

香料中尤以苏合香、没药、安息香、乳香最受青睐。

苏合香是希腊语 sturaz 的音译。中国人很早就知道苏合香。《梁书·中天竺传》说"其西与大秦、安息交市海中",所以国内"多大秦珍物",其中包括苏合。作者还解释说:"苏合是合诸香汁煎之,非自然一物。"又说,大秦人采集苏合时,已经先榨取其汁水制作香膏,而售予诸国贾人的都是渣滓,所以不太香。唐代苏合香从海陆两道输入中国,所以《唐本草》说它"从西域及昆仑来",紫赤色,与紫真檀相似,"极芳香"。重如石,以烧之灰白者为上品。苏合香主要用作外搽药。"蕃人多用以涂身",闽人受此风气影响,"患大风者亦仿之"。[1]

没药是阿拉伯语 murr 的音译,是一种气味浓郁的香料,用于外伤活血。《开宝本草》说没药产于波斯国,其块大小不定,黑色,似安息香。《图经本草》因其多从海路输入,说没药"今海南、广州有之",其"根株皆如橄榄,叶青而密"。老树"则有脂液流滴在地下,凝结成块,或大或小",类似安息香,任何时候都可以采集。《诸蕃志》则说它出于"大食麻罗拔国",即今阿曼佐法尔省首府萨拉莱以东数十公里处之麻罗拔(Mirbat)。

安息香指 Styrax benzoin。这种香是从安息香树伤口处流出的树脂凝固而成。中国原从波斯商贾手中购买此香,《唐本草》说它出于西戎,故以"安息"名之。后来改从东南亚购进,所以《海药本草》说它生于"南海波斯国",《诸蕃志》说它"出三佛齐国"。安息香是中国传统的从海外进口产品。

唐代段成式具体描述过这种香料植物,说:"安息香树出波斯国,波斯呼为辟邪树。长三丈,皮色黄黑,叶有四角,经岁不凋。二月开花,黄色,花芯微碧,不结实。刻其树皮,其胶如饴,名安息香。六七月坚凝,乃取之。烧之通神明,辟众恶"。[2]从植物形态学上看,安息香树为落叶乔木,叶互生,卵形或椭圆形,叶面无毛,叶背有白色星状毛,叶脉铁锈色。夏季开花,花带赤色,有香气,聚伞花序,顶生或腋生。安息香凝脂形如松脂,黄黑色,块状,呈半透明状,它本身虽不甚香,又不宜于燃烧,但能"发众香",所以赵汝适说"故人取之以和香焉"。安息香为中医常用药,用以开窍行血,主治中风昏厥、产后血晕等症。

南宋香草纹银瓶,南京江浦出土,
南京市博物馆藏

明代阿拉伯文铜炉,首都博物馆藏

---

1 冯承钧:《〈诸蕃志〉校注》,中华书局 1956 年版,第 98—99 页。
2 段成式:《酉阳杂俎》卷十八。

　　乳香即阿拉伯语之 luban，是乳香树分泌出的树脂。中国进口乳香后，也将它掺入其他香中制造烧香，所以需求量很大。乳香又名"熏陆香"，当为阿拉伯语 kundur，或梵语 kunduru 之音译。点燃时烟雾有芬香味。乳香主要出自大食国的麻罗拔、施曷和奴发等地，是那里传统的输出品。麻罗拔即今阿拉伯半岛南端阿曼 Mirbat 的音译，施曷即其附近之 Shehr，而奴发即今阿曼之佐法尔 (Zufar) 省。除大食外，印度、波斯等地也出乳香。

　　据南宋后期人赵汝适记载，乳香生产及输到远东的过程是这样：乳香树类似榕树，土人以斧斫伤树皮，促使树脂流出，结聚成块。收集起来后，用象负至海边，大食商人装船运到三佛齐（室利佛逝），用以换取当地集散的货物。再由东南亚商人运到中国口岸。仅北宋熙宁十年（1077 年），南方三大港口市舶司抽买

乳香树

宋代海外交通示意图

的乳香就达 17.5 万余公斤，其中广州一地即占 90% 以上。[1] 南宋初，泉州港崛起。建炎四年（1130 年）泉州市舶司抽买乳香近 7 万公斤。[2]

除了从东南亚转运以外，大食商人也直接从大食把乳香运抵中国。绍兴六年（1136 年），福建路市舶司向宋廷报告，大食商人蒲罗辛贩运乳香到泉州，市舶司抽解价钱达 30 万贯。宋廷授之以官职，要他回国后鼓励更多的大食海商贩运乳香来华。[3] 可见中国市场对乳香需求之巨。福建泉州市东南郊的后渚港出土的宋末海船船舱仓内，也发现了大批香料药物，其中包括乳香。

---

1 参见梁廷楠：《粤海关志》卷三《前代事实》。
2 参见《宋史·食货志·香》。
3 参见《宋会要辑稿·蕃夷》四之九四。

描绘古埃及劳动人民耕作场景的墓室壁画

引进：
》》》外来物种的传播

　　海外贸易的发展、异域商旅的入华，使中国人对海外物种的知识面迅速扩大。晋人嵇含写成于永兴二年（305 年）的《南方草木状》记载了古代林邑、南越九真、交趾等地出产的草、木、果、竹 4 类物种，其中提到了"耶悉名花"（即茉莉花）从西域移植华南之事。

　　中国原本有枣。现代很多人都知道西亚、北非也出一种"枣"，制成蜜枣后称为"伊拉克蜜枣"。其实这种"枣"很早便为中国人所知。《魏书》和《隋书》中都提到过波斯出产一种"千年枣"。唐代杜环在其《经行记》中提到，大食的"磨林"和"老勃萨"地区（即今索马里一带）人民的主要食粮是枣子。唐代段成式把这种"枣"称为"波斯枣"，并给出其波斯文名称"窟莽"。"窟莽"是波斯语 khurma 的音译，即枣椰果。中国人不仅知道这种植物，而且至少在唐代已经有人在华南引种。

唐代段成式还提到一种外国植物名"齐暾果"，这是一种生长于地中海周围地区的油料植物，即今之油橄榄。

现代我国常见的水仙也不是中国原产，而是从海外引种的。段成式记载了一种植物名"捺祇"，"捺祇"是中古波斯语 nargi 的音译，就是水仙。可见它是通过说波斯语的商人传入我国的。这种植物在我国福建沿海地区得以推广，所以直至今日漳州的水仙仍然闻名全国。

地理大发现使美洲与旧大陆紧密地联系起来。欧洲殖民者在美洲发现当地印弟安人种植着许多他们所不知道的植物。他们把这些植物引种到他们在世界其他地方的殖民地，又由这些殖民地传入中国，使中国的农作物品种大为丰富起来。最具代表性的有番薯、马铃薯、玉米、花生、烟草、向日葵等。

番薯与马铃薯

有关番薯在我国引种的历史,史籍中有不同的记载。据宣统《东莞县志》记载,明万历八年(1580年),广东东莞人陈益到越南,当地人用甘薯招待他。陈益通过酋长仆人取得薯种,带回国内,念其来之不易,先种于花台,结得薯块,起名为番薯。后来推广,成为当地主要粮食作物。1961年我国文物工作者在福建发现了珍贵的孤本《金薯传习录》,刊行于1765年,作者提到其祖先福建长乐人陈振龙,曾侨居吕宋。他发现当地种植和食用一种根大如拳、皮色朱红、心脆多汁、生熟可食、夏栽秋收、广种耐瘠、产量高、食味好的植物,决心引入中国。当时吕宋为西班牙统治,严禁薯种外传。陈振龙于1593年回国时,把薯藤秘密缠在缆绳上,表面涂以污泥,航行七日抵达福建。当年六月,陈振龙命其子陈经纶向福建巡抚献薯藤,并介绍用途和植法,不久在福建试种成功。闽广地区每年夏季台风不断,甘薯适应性强,产量高,其价值迅速被人们所认识。为纪念陈振龙父子传播薯种的功绩,后人在福建乌石山海滨设立"先薯祠"。[1]提及番薯在明代从南洋传入的记载还有一些,如周亮工的《闽小记》《福州府志》等。这说明甘薯的传入不是一次而是多次,不是单渠道而是多渠道。

明末番薯传到我国北方。至乾隆二十三年(1758年)清政府认识到番薯的巨大价值,"官饬民种,今每年长发利民"[2]。清代末年山东、河北两地的农民历年不断出关垦荒,把种植番薯的方法传播到东北。现在长白山麓、辽河两岸、松花江畔的高寒地区都能种植番薯。其春薯亩产可达万斤以上,已成为华北地区一季单产最高的作物之一。

马铃薯原产于美洲,约于明万历年间传入我国。在一般人印象中,马铃薯在我国出现大大晚于欧洲诸国。但直到18世纪末马铃薯在欧洲还被视为观赏植物,而清初康熙年间成书的《畿辅通志·物产志》已经提到:"土芋一名'土豆',蒸食之味如番薯。"1750年左右成书的乾隆《祁州志·物产》中也提到土豆。说明我国人民比欧洲人更早地认识了马铃薯对于国计民生的价值。其传入的路线有两条:一条是从东南亚传入我国东南沿海的闽、粤两地,另一条是从海外直接传入我国京津地区。[3]

花生

花生为豆科一年生草本植物,原产美洲。1492年欧洲人到达美洲之后,把花生带到欧洲。大约15世纪晚期或16世纪早期,花生从南洋引入我国。

---

1 参见佟屏亚:《农作物史话》,中国青年出版社1979年版。

2 翟乾祥:《华北平原引种番薯和马铃薯的历史》,《中国古代农业科技》,农业出版社1980年版,第237—248页。

3 参见翟乾祥:《华北平原引种番薯和马铃薯的历史》,《中国古代农业科技》,农业出版社1980年版,第237—248页。

玉 米

据西方学者研究,玉米的原产地在美洲,作为栽培作物已有数千年历史。16 世纪中叶以后,玉米在全世界传播开来。[1]

玉米在中国历史上还有"番麦"、"御麦"等称呼。据《维止来安具点》记载,宋徽宗曾品尝过玉米,所以这种作物被称为"御麦"。明代田艺蘅在其《留青日札·御麦》一节中描述了玉米雌雄同株、开花结穗的部位,穗苞形状,与蜀黍、薏苡的主要区别等:"御麦出于西番,旧名番麦,以其曾经进御,故名御麦。干叶类稷,花类稻穗,其苞如拳而长,其须如苡实,大而莹白。花开于顶,结实于节。"现今玉米已成为我国许多干旱地区的农作物当家品种。

外来农作物:玉米、向日葵

烟 草

烟草原产于美洲,由玛雅人驯化。玛雅人在宗教仪式上吸食烟草。哥伦布到达西印度群岛时,发现印第安人卷起一些干叶,点燃后放入口中。后来他们把这种叶子带到欧洲,烟草由此传播开来。据《清稗类钞》记载,"烟草初来自吕宋国,名淡巴菰,明季始入内地"。又《引庵锁语》记:"烟草出闽中,崇祯八年下令禁之。"可见明崇祯以前烟草已经传入中国沿海。

向日葵

向日葵是菊科植物。植物学家认为向日葵原产于美洲,是地理大发现以后传入世界各地的,大约在 17 世纪从东南亚传入我国。据《群芳谱》记载,当时被称为西番菊或丈菊。向日葵成为我国主要农作物之一应是地理大发现以后的事。

---

1 参见佟屏亚:《农作物史话》,中国青年出版社 1979 年版,第 37—42 页。

"中国雪"：
>> 火药技术的外传

　　火药是由炼丹家发明的。9世纪时的炼丹学著作《真元妙道要略》已经提到，曾经发生过"以硫磺、雄黄合硝石并蜜烧之，焰起，烧手面及烬屋舍"的惨剧。炼丹家还注意到，硝石不可与硫黄、雄黄和雌黄合在一起燃烧，否则"立见祸事"。唐末时，火药在中国已经应用于军事，当时的火炮乃是一种用抛石机发射的火药包。宋代《武经总要》中所记载的黑色火药配方，已经与现代黑色火药配方十分接近。宋代的爆炸性火器中有一种"霹雳火球"，在火药中掺入碎瓷片，使杀伤力大为增加。金代爆炸性火器的威力有所提高，可穿透牛皮、铁甲。金末还出现了管状发射性火器。

元代使用火药武器场景图

　　火药很早就传到海外。元代周达观曾出使真腊（今柬埔寨），看到那里的人民点放焰火爆竹。中国出口真腊的商品中有硫黄、焰硝等制造火药的原料。火药不仅传到东南亚，也传到遥远的西方。西方诸国不但进口中国火药成品，也学会按配方自制火药。大约在13世纪中叶，阿拉伯人开始自制火药，成书于13—14世纪之际的阿拉伯文著作《焚敌火攻书》中已经有制造火药和火器的内容。制造火药的硝是中国重要的出口产品，成书于1240年的大食医生伊本·白塔尔（Ibn al Baytar）的著作《单药大全》提到了硝石，并称之为"中国雪"（Thaij Sini），而波斯也把硝石称为"中国盐"（namak-i Chini）。这说明阿拉伯、波斯诸国虽然能够制造火药，但主要原料之一硝最初却从中国进口。

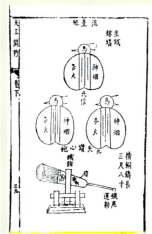

火药武器图

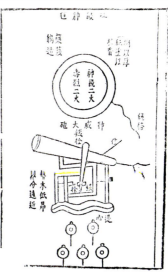

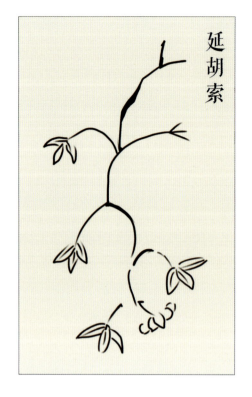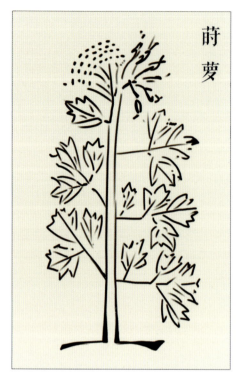

《海药本草》：
记述海外医药的重要医书

　　《海药本草》的作者为五代时人李珣，世居蜀中，世以贩卖海外香药为业。他虽为土生波斯后裔，一生未仕宦，但受过良好的教育，能吟诗作文。《海药本草》今已亡佚，无法窥其全貌。所幸在宋人唐慎微的《证类本草》及明代李时珍的《本草纲目》中曾多处摘引，使今日的学者可略知此书的内容。《海药本草》所收者多为从海路输入的药物。学者们从各书中辑得李珣提到的海药100余种，其中许多是首次收入本草著作，如矿物中的金钱矾（黄矾），植物中的延胡索（玄胡索）、荜澄茄、莳萝（小茴香）、仙茅、降真香、海桐皮、海红豆、奴会子（芦荟）、藤黄、没药、天竺桂、婆罗得、海松子，与动物有关的砗磲、珍珠等。这些海药中，有些直至今日仍是中国医药学界的常用药物。1984年出版的全国高等医药学院校教材《中药学》一书中，介绍了全国多数地区常用的493种中药，其中就有9种（延胡索、荜澄茄、莳萝、仙茅、降真香、海桐皮、没药、珍珠、奴会子）是经《海药本草》首次收载后，才被后来医药学界广泛了解和使用的，并成为现代中药学的重要组成部分。这9种海药的名称经《海药本草》收载后，成为现代中药学的正式名称，李珣书中所载这些海药的性味、功效、泡制、应用与现代中药学的科学总结也相差无几。

《回回药方》：
》》传入中国的伊斯兰医药典籍

　　伊斯兰医药学知识大规模传入中国是在蒙元时期。由于成吉思汗及其子孙的武力征服，蒙古统治地域向西达到地中海东岸，西域回回地区与中原汉地的往来空前密切起来。大批随蒙古统治者入华的回回人带来了各种书籍。元政府也着力收集各民族的图书文献，回回医书药典也在被搜罗范围之内。

　　现存中国伊斯兰医药学著作中最著名的是《回回药方》。全书原为36卷，今大部分亡佚，仅残存4册，藏北京国家图书馆善本部，被定为明抄本。抄录笔迹前后不一，估计是由不同人合作抄录而成。此书以汉文为主，夹杂着阿拉伯文和波斯文（多为汉文番药名称的原文）。

　　《回回药方》最引人注意之一是，其中提到了不少"回回"医学圣贤的名字，实际上其中有的并不是回回人，而是古希腊人和罗马人。例如：卷三十提到"古回回医人"的扎里奴思，是古罗马医学家伽仑（Galen，Galenos）的阿拉伯文、波斯文写法 Jalinus 的汉语音译；"先贤鲁肥西"，是古希腊医生 Rufus 的阿拉伯文、波斯文写法的汉语音译。属于同一情况的还有卷三十四中提到的"古回回医人"卜忽剌忒，他就是著名的古希腊医学家希波克拉底（Hippokrate）。"卜忽剌忒"是其名称阿拉伯文写法 Abuqrat 的汉语音译。

《本草纲目》所载白艾附图

　　《回回药方》所使用的番药中，有不少乍看是回回药物，但仔细核查后会发现它们的名称却是希腊语和拉丁语的音译。例如卷三十在叙述一种欲纳尼地面（希腊）的方子时，提到一种"阿福体门汤"（aftimun）。Aftimun 是希腊文 epithymon 的阿拉伯文写法，指百里香草、菟丝子。同卷还提到一种"阿福散汀汁"，旁注"即艾汁"。这也是一种来自希腊语的药草名，其希腊语原名写作 afsinthion。卷十二有一个方子用药名"法而非荣"（farfiyun）。"法而非荣"（farfiyun）源于拉丁语 euphorbium，指大戟属植物。上述"法而非荣"方内需一种药名"阿里浑"（ghariqun）。"阿里浑"不是阿拉伯语、波斯语的固有名词，它来自希腊语 agarikon，指蕈菌、蘑菇。同卷的一个方子内有一种药名"叮儿纳不"（karanb），此即希腊语之 krambae，指卷心菜。这些信息清楚地说明了《回回药方》在当时的伊斯兰世界起着联接中国与欧洲的作用。

马可·波罗的家乡威尼斯

人物群像篇

马可·波罗：穿行于东西方的使者
鄂多立克：中世纪四大旅行家之一
伊本·白图泰：伟大的穆斯林探险家
亦黑迷失与杨庭璧：忽必烈的使臣
汪大渊：东方的马可·波罗
郑和：七下西洋的航海家

马可·波罗：
穿行于东西方的使者

马可·波罗像

马可·波罗（Marco Polo）是元朝世界旅行家中最著名的一位，生于 1254 年，其父尼柯罗·波罗是意大利威尼斯商人。1271 年，尼柯罗兄弟携马可·波罗同行，至阿克儿朝见新教皇格里高利十世（Gregoire X）。教皇要他们回元廷复命，并派两位教士携带致忽必烈的诏书和确认使臣身份的国书与之同行。途中两位教皇使臣畏难，从阿儿马尼（亚美尼亚）返回，把教皇的诏书和国书托付给尼柯罗一家。于是尼柯罗一家三人取道伊利汗国，经都城桃里寺（今伊朗阿塞拜疆之大不里士）至波斯湾口之忽里模子，准备从海路入元。后改变主意，仍由陆路东行，沿古代丝绸之路经撒麻耳干（今乌兹别克斯坦之撒马尔罕）、帕米尔高原、巴达哈伤（今塔吉克斯坦之巴达贺尚省），进入元朝控制下的可失哈儿（今新疆喀什）。当时天山南麓商路被海都叛军切断，他们由可失哈儿西行，沿塔克拉玛干沙漠南行，经鸦儿看（今叶城）、于阗（今和田）、婼羌（今若羌）等至河西，于 1275 年抵达上都。

据马可·波罗自述，他得到世祖的喜爱，留元为官。他自称多次奉命出巡各地，大约是以随员的身份到过中国许多地方。他的游记中提到了许多中国城市，如大都（今北京）、上都（今内蒙古锡林郭勒盟正蓝旗）、京兆（今西安）、成都、大理、济南、扬州、镇江、杭州、福州、泉州等，以及那里的风土人情；提到了一些元朝重大的政治事件，如海都、乃颜之乱，阿合马事件等，大体上与其他文献的记载一致，但叙述中也有许多夸大不实之处。

马可·波罗的家乡威尼斯

马可·波罗与其父、叔久居中国，思念故乡。1289年，伊利汗国阿鲁浑汗因其妃伯岳吾氏去世，派使者兀鲁带、阿必失呵、火者三人来元朝请婚。世祖下令选女子阔阔真下嫁伊利汗，马可·波罗一家三人可随使臣取道波斯归国。马可·波罗一行约于1291年初从泉州启程，在海上航行了两年零两个月，经苏门答腊、印度抵达忽里模子。时阿鲁浑汗已死，其弟海合都在位。1293年海合都汗娶阔阔真为妃。马可·波罗等从桃里寺返国，乘船经君士坦丁堡，于1295年抵达威尼斯。

1296年马可·波罗参加威尼斯与热那亚的海战时被俘。他在狱中讲述了自己在东方的经历，与之同狱的文学家鲁斯梯安诺（Rustiano）笔录其故事，于1298年成书。同年夏，马可·波罗获释回乡。他逝于1324年，葬于圣劳伦所教堂。

《马可·波罗游记》的原稿是用中古法-意大利混合语写成的，后经反复传抄，并被译成各种欧洲语言，其原稿已佚。现存各种文字的抄本约140种，其中以西班牙所藏泽拉达（Zelada）拉丁文抄本最早、最完备，以巴黎国民图书馆所藏B. N. Fr.抄本的文字最近于原稿。目前已有的各种文字的刊本、译本有120种以上，其中以伯希和、穆勒1938年出版的英译本《世界游记》较为完备。我国先后出版过几种汉译本《马可·波罗游记》。

《马可·波罗游记》在意大利产生了极大的影响。14世纪初意大利北部韦罗那城统治者自称为坎·格朗德（Can Grande），这是一个来自东方的称号，意为"大汗"，显然是受《马可·波罗游记》的影响。在相当长的时期内，《马可·波罗游记》一直是欧洲人了解东方的主要资料之一。地理大发现以前，许多著名航海家都读过这本书。哥伦布因为相信马可·波罗的记载而向东远航，企图到达日本，最后却发现了美洲。

马可·波罗到中国来不是偶然的，而是当时东西方交往急速发展的结果。当时来到中国的意大利人并不只有马可·波罗一家，马可·波罗是有幸在历史上留下自己名字的世界旅行家之一。20世纪50年代在扬州南门水关附近发现过元代热那亚人喀德林（女）和安东尼翁的拉丁文墓志即是一例。

鄂多立克：
>>> 中世纪四大旅行家之一

泉州清净寺

鄂多立克（Odoric de Pordenone），又译成和德理，约诞生于1286年，是意大利北部人，方济各会传教士，早年过着清苦的托钵僧生活，仅靠水和面包为生，赤足旅行，拒绝在教会中提升，甘愿隐居荒野。这种生活对他后来进行长距离艰苦旅行有很大益处。他与马可·波罗、伊本·白图泰、尼哥罗·康梯一起，被西方人誉为中世纪四大旅行家，其影响仅次于马可·波罗。

他在病中口述游踪，由修士威廉以通俗的拉丁文笔述成书。其东游路线大致为：从君士坦丁堡到小亚半岛的特列比松，再到伊利汗国的桃里寺、孙丹尼亚、柯伤、耶兹德、报达（巴格达）、忽里模子。由忽里模子乘船经无离拔（印度西海岸之马拉巴尔Malabar）、僧急里、俱蓝、马八儿、锡兰山，由锡兰山换船横渡孟加拉湾，经南巫里洋、苏门答腊、爪哇、占城，抵秦可兰城（Censcalan，即我国广州）。由此沿海东北上行，经泉州、福州，再经杭州、南京，经大运河路过扬州等地到达大都。他在大都居住了3年。孟特高维奴其时适为大都主教。后离大都西行，经天德、山西、陕西、甘肃、吐蕃，再经中亚、波斯，返回意大利。于1331年逝世。[1]

---

1 参见《鄂多立克东游录》，何高济汉译本，中华书局1981年版。

鄂多立克在其游记中提到俱蓝附近有聂思脱里教徒和犹太人，恰与《元史·马八儿等国传》所提到的杨庭璧在马八儿时，遇到过寓居俱蓝国的也里可温（基督教）首领兀咱尔撒马里相对应。鄂多立克提到契丹的大汗，也即元朝蒙古军队曾与爪哇作战失败之事，此即史弼、高兴、亦黑迷失等征爪哇之役。

　　鄂多立克在对于中国的描述中曾提到广东的食蛇风俗，泉州有天主教僧院，华东渔民驯养鱼鹰捕鱼，杭州有天主教[1]，江南大地主的奢华生活，金陵的城墙和长江，汗八里的另一个名字为大都（Taydo），大都城里的万寿山（今琼华岛）和太液池（今北海），元廷中的酒海，各教教士在宫廷中的地位，蒙古妇女的顾姑冠，上都的风土人情，元帝的怯薛（侍卫），中国的驿传系统，吐蕃的天葬风俗等，均真实可信。

　　鄂多立克的游记有许多抄本。清光绪五年（1879年），我国留学意大利的郭栋臣将其书译为汉文，书名为《真福和德里传》，刊于武昌宗正书院。后香港《公教报》重印其译文，但删去郭氏的注释。鄂多立克的活动对清代传教士在中国传教有一定的影响。

---

1 当地天主教徒按聂思脱里教的习惯把天主教教士称为"佛郎列边"（Frank Rabban），意为"欧洲教士"。

伊本·白图泰的故乡摩洛哥丹吉尔

伊本·白图泰：
≫伟大的穆斯林探险家

伊本·白图泰（Ibn Battuta，1304—1377年）是摩洛哥刁吉儿（今丹吉尔）人，1325年离乡赴天房（麦加）朝圣，后开始周游列国，数年中三至天房，曾游历波斯、阿拉伯半岛和东非各地。1332年由天房出发，经埃及、叙利亚、小亚、黑海、克里米亚，进入钦察汗国境。同年随同钦察汗月即别之妃拜占庭公主赴君士坦丁堡省亲。返回钦察汗国都城撒莱后，继续东行经里海北之钦察草原、察合台汗国不花剌、撒麻耳干诸城，于1333年抵德里。他在德里留居8年，受封为"哈的大师"（法官）。1342年元顺帝遣使至德里通好，德里算端（Sultan，"王"的元代译法）命白图泰率使团随同元使回访中国。

使团一行从古里（Calicut，今印度西南海岸之科泽科德）登船，启航后不久遇险。元朝使臣逃生后至俱蓝，由此搭商舶归国。白图泰未及登舟而幸免于难，但失去了随员和礼品，无法回德里算端处复命，遂游历于马尔代夫群岛、锡兰山、马八儿等地。后来从朋加剌（孟加拉）乘船至苏木都剌、爪哇，再航海至泉州。

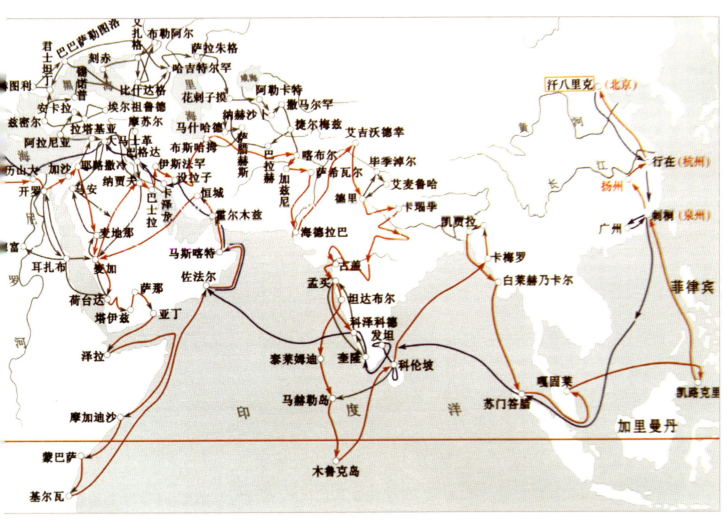

伊本·白图泰东游路线示意图

　　他在泉州很幸运地遇见遇难的元朝使臣，使臣协助他通过地方官向朝廷奏报。在候旨期间，他曾到广州游历。回泉州后，他奉旨北上。大约到达杭州后，便折回泉州，乘船西还。白图泰在自己的游记中提到元代中国使用银锭和纸币以及政府专门负责倒换纸钞的机构，中国各城中的回回人聚居区，中国人以煤为燃料，搜捕通缉犯时悬挂犯人的画像，市舶机构对海舶出海、回港的检验制度等。特别是白图泰提到泉州回回人中的首领有不鲁罕丁和合剌市丁，他们都见于元末吴鉴所写的《清净寺记》。

　　白图泰离开泉州后，经爪哇、苏木都剌，于1347年到达印度，经阿拉伯半岛东岸、波斯湾、报达、叙利亚等地，他在归途中就近又一次到天房朝圣，1349年回到摩洛哥都城非斯。此后他又去过西班牙和中非旅行。1354年，白图泰奉摩洛哥国王之命回到非斯，口述其旅行见闻。国王派出书记官以阿拉伯文笔录成书。他的游记是研究14世纪上半叶东方诸国历史文化的重要资料。

埃及亚历山大灯塔图

亦黑迷失与杨庭璧：
忽必烈的使臣

亦黑迷失

亦黑迷失是畏兀儿人。元灭宋以前，元世祖忽必烈已经有志于海外，于至元九年（1272年）派他出使"海外八罗孛国"，即今印度西南濒阿拉伯海之马拉巴尔。这是他第一次出海，此行往返两年，于至元十一年（1274年）携八罗孛国商使归国，向世祖奉表并进献珍宝。忽必烈十分满意，向他颁赐了金虎符。

次年，亦黑迷失第二次出海，再次奉使其国，与该国的"国师"一起归来，进献"名药"。元廷因功授以其兵部侍郎。两次出使印度南部使他对东南亚、印度洋航海积累了丰富的经验，掌握了许多海外诸番的知识。元灭宋后，元政府命他参议海外征服活动。

至元十八年（1281年）亦黑迷失奉命第三次出海，招谕占城，企图把占城变为元军继续向东南亚进攻的基地，但遭到占城的拒绝。亦黑迷失遂与唆都一起出兵占城。

至元二十四年（1287年），亦黑迷失第四次奉命出海，出使马八儿国，即印度南部之东南海岸，"取佛钵舍利"。因航海风阻，途中用了一年时间。他在马八儿寻得"良医善药"，并用己资购买紫檀木殿材，携其国人"来贡方物"。此次归国后，元廷命他留驻泉州。

印度南部沿海所使用的中国式张网捕鱼法

至元二十九年（1292 年），亦黑迷失奉诏北上参与议征爪哇。世祖设立福建行省，命他与史弼、高兴并为平章。史、高二将负责军事征讨，亦黑迷失负责航海。忽必烈下旨，要他们征服爪哇后暂不回国，留于彼处，遣使至海外诸番招降，这是亦黑迷失第五次奉命出海。当元朝征爪哇大军行至占城时，亦黑迷失派出使臣至南巫里(今印尼苏门答腊岛北部)、速木都剌 (亦在今苏门答腊岛北部)、不鲁不都[1]、八剌剌[2] 等地招谕。次年元军降服爪哇之葛郎国后，亦黑迷失又遣使至木来由[3] 诸小国，各国均遣弟子来爪哇岛向元军投降。亦黑迷失在海上活动了 20 余年，5 次出洋，其中 4 次前往印度、斯里兰卡，是元初杰出的少数民族航海家。

---

1 应当就是《大德南海志》卷七所提到的"没里琶都"，位于今苏门答腊岛；亦可能指苏门答腊岛东岸外之布通岛（Pulau Buton），见陈佳荣、谢方、陆峻岭著：《古代南海地名汇释》，中华书局 1986 年版，第 182、449 页。
2 应是苏门答腊岛东北部古国 Perlak 的音译，今称为佩雷拉克（Peureulak），参见《古代南海地名汇释》一书，第 117 页。
3 即苏门答腊古国木来由（Malayu）。

杨庭璧

　　杨庭璧原为蒙古征南大将唆都的部下，元灭宋后任广东招讨司达鲁花赤。至元十五年（1278年）元灭宋后，唆都为福建行省左丞相，奉命遣使诏告海外，占城、马八儿诸国均遣使奉表称藩。但俱蓝（今印度南部西南海岸处）等国却未有回音。次年，世祖遣杨庭璧出使俱蓝。杨庭璧一行于同年冬十二月启程，4个月后（至元十七年三月）至其国。俱蓝国主必纳的命其弟写下降表，随杨庭璧回国，并约以来岁遣使入元进贡。

　　至元十七年（1280年）十月，元廷命哈撒儿海牙为俱蓝国宣慰使，与杨庭璧一起第二次出使俱蓝。至元十八年正月，杨庭璧等人从泉州出海，舟行3个月抵达僧伽耶山（今斯里兰卡）。这时北风已经停止，留原地等候季风耗费钱粮，所携给养不足应付。舟师郑震等人告以实情，建议利用南风渡海前往马八儿，估计可以从那里沿陆路去俱蓝国。杨庭璧等一行遂于次月抵达马八儿国新村马头登岸，受到马八儿宰相马因的迎接。杨庭璧等告以受命出使俱蓝之事，要求从马八儿借道沿陆路前往其地。马因的借口道途不通而推辞。而后元使又会见了马八儿的另一位宰相不阿里，亦提出假道之事，不阿里也推托不再谈论。最后杨庭璧等因未能借道，只得返回泉州。

至元十八年冬北风起时，朝廷命杨庭璧以招讨使的身份第三次出海，单独前往俱蓝。船行3个月，于至元十九年（1282年）二月，抵达俱蓝国。其国君与宰相出迎，杨庭璧向他们转交了元朝玺书。杨庭璧在俱蓝停留了1个月。寓居俱蓝国的也里可温（基督教）首领兀咱尔撒马里[1]得知元使臣来此，要求携七宝项牌1枚、药物2瓶一同赴中国进贡。而管领木速蛮（伊斯兰教徒）的首领马合麻适在其国，听说元朝使臣至此，也来相会，表示愿意"纳岁币，遣使入贡"。苏木达国（位于印度）恰派相臣那里八合剌咖小出使俱蓝国，闻知杨庭璧将回国，遂即作主代表其国君打占儿表示，愿派使臣奉表，携带指环、印花绮缎及锦衾随杨庭璧一起入元。杨庭璧答应了他们的请求。

至元十九年三月南风起时，杨庭璧等一行启程回国。俱蓝派出使臣祝阿里沙忙里八的随杨庭璧等入元，所携礼品有宝货和黑猿一只。舟行一月至那旺国（即安达曼海西侧的尼科巴群岛），杨庭璧说服其国主忙昂遣使随同他一起去中国，因为其国无人识字，于是只"遣使四人，不奉表"。杨庭璧一行继续东行至苏木都剌国（今苏门答腊岛北部），其国君土汉八的亲自迎接元使。杨庭璧向他宣传中国的强盛和元廷有意扬国威于海外的打算，土汉八的当日即表示"纳款称藩"，派出使臣哈散、速里蛮随船队入元朝贡。同年九月，随杨庭璧入元的诸国使臣抵达大都，受到忽必烈的接见。

至元二十年（1283年）正月，忽必烈委任杨庭璧为宣慰使，命他第四次出海奉使俱蓝等国。到至元二十三年（1286年），响应杨庭璧要求先后来元入贡的海外诸藩共有10国。[2]

---

1 《元史·世祖纪》作"兀咱儿撒里马"，未知孰是。
2 参见《元史·世祖纪》及《元史·马八儿等国传》。

汪大渊：
≫东方的马可·波罗

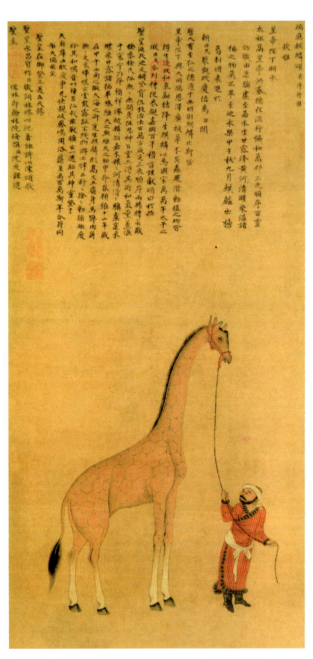

榜葛剌（孟加拉）向明成祖进献麒麟（长颈鹿）图

　　汪大渊字焕章，南昌人，生于元武宗至大四年（1311年）。1330年从泉州首次出洋，沿西洋航线行，航达印度洋诸地，时年20岁。他自述至顺庚午年（1330年）泊于大佛山（今斯里兰卡），继而西行进入阿拉伯海。此次航海历时约5年。归国后曾著有旅行记。此后不久他又第二次从泉州启程，从泉州渡海，先至台湾，然后赴小东洋诸地，即今菲律宾诸岛、文莱，再绕加里曼丹岛，转入大东洋西部的爪哇、帝汶诸地。据汪大渊自序，1349年他路过泉州，适逢吴鉴受命修《清源续志》。吴鉴因汪大渊"知外事"，所以要他撰《岛夷志略》，作为《清源续志》的附录。他所撰写的《岛夷志略》融会了两次出洋的经历，所以与他第一次归国时所著游记已颇有区别。

　　汪大渊自己在《后序》中说，元人认识到，中国所在的大陆四面环海，高丽以北的"北海"，即日本海、鄂霍次克海和北太平洋海区风涛大，沿岸是一片荒凉之地，很少有人问津。而中国之东、南、西面，番国众多，皆得航海而至。蒙古人的武力所创造的横跨亚欧的大帝国，客观上为东西交往创造了有利条件。商贩往来于东西，有如在本国的各州郡间旅行一样。

　　汪大渊自述他在海外曾赋诗以记异国山川、土俗、风景、物产之诡异，其书中所记之事，皆身所亲历，耳目所亲闻亲见。该书收有汪大渊所访问过的地方共99个条目，全书涉及亚、非、欧三大洲220多个国家与地名，记载生动翔实，文献价值很高，迄今全璧犹存，是考察元代远洋活动最重要的原始资料。吴鉴评价说："以君传者，其言必可信。"[1]

---

1 吴鉴：《岛夷志略序》。

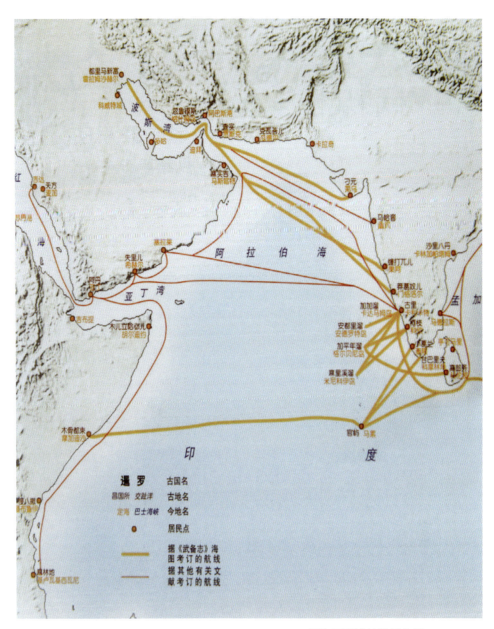

郑和下西洋航线示意图

郑和:
》》七下西洋的航海家

　　郑和，回回人，原姓马，小字三保，或作三宝，生于云南昆阳县和代村。洪武十四年（1381年）朱元璋遣大将傅友德与蓝玉、沐英率大军入云南平定故元梁王势力，郑和作为回回幼童被明军虏阉。战事结束后，被分配全燕王朱棣府中为太监，渐受信用。明太祖死后，燕王起兵南下，郑和因在郑村坝（今北京东坝）之战立有功，燕王夺位后受赐姓郑。郑和自幼好学，身为回回人，与西亚大方有天然的联系；又入佛门，利于与东南亚、南亚国家沟通，且知兵习战。这些有利条件使他终于成为受命率领水师出洋的统帅。

郑和在斯里兰卡所立向当地寺院布施三种文字碑，今存科伦坡国立博物院

　　永乐三年（1405 年）夏，郑和率船队自苏州刘家河（即今江苏太仓浏河）行至福建。同年冬趁北风经占城、爪哇、旧港（今苏门答腊岛巨港）、苏门答腊（今苏门答腊岛之萨马朗加）、南巫里、锡兰山（今斯里兰卡），最后抵达古里（今印度西南沿海之卡利卡特）。苏门答腊在古代是东南亚—孟加拉湾地区主要的航向分流中心。郑和船队多次从这里派分船队分赴满剌加（今马来西亚马六甲）、榜葛剌（今孟加拉国）、锡兰山和溜山（今马尔代夫群岛）等地。第二和第三次航海的最远目的港都是印度的古里。其中第二次出使时在锡兰山立汉文、波斯文和泰米尔文 3 种文字石碑，颂扬了锡兰佛教之盛，及明船队向当地佛寺布施之事。[1] 此碑现存斯里兰卡科伦坡国家博物馆，是郑和远航的重要物证。

---

1 参见巩珍：《西洋番国志》，向达校注，中华书局 1982 年版，第 50 页。

明永乐年郑和故乡行香碑 马六甲三宝井

　　郑和首次在锡兰山停留时，察觉锡兰国王亚烈苦奈儿欲加害中国船队，遂决定离去。锡兰国王利用其国地处东西海道中继点的有利位置，劫掠过往船只使臣，邻近诸国均感不满。再经锡兰时，尽管广施钱财，但锡兰国王仍暗中发兵5万，准备劫持中国船只和留守船上的中国水军。又伐木拒险，断绝郑和等归路。郑和觉察锡兰王的阴谋后立即率军回船泊停靠地，并亲率登陆军士2000名，奔袭其国都一举破城，生擒锡兰王及其家属、头目多人。在押运锡兰王回国后，明成祖并未惩罚锡兰王，且下诏释免，只命择其国王族之贤者立之。

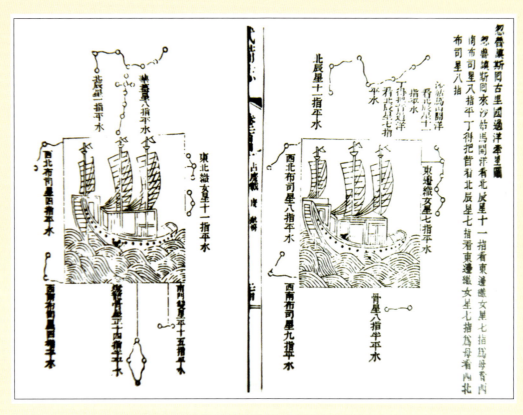

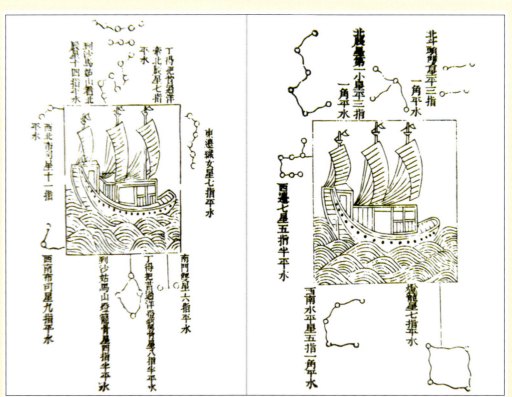

郑和航海图中的过洋牵星图

明代宋应星《天工开物》中所绘锤锚图

牛津大学波德林图书馆藏明清航海针路图
《顺风相送》

郑和于永乐十年（1412 年）第四次出洋，抵波斯湾忽鲁谟斯（今波斯湾霍尔木兹海峡）。第五次出洋是在永乐十五年（1417 年）冬，其大半航线与第四次同，抵达忽鲁谟斯，再沿阿拉伯半岛西南行经阿丹，渡红海进入东非，访问沿岸诸地而后返回。船队回到中国的时间是永乐十七年（1419 年）夏。第六次为永乐十九年（1421 年）冬，忽鲁谟斯等 16 国使臣归国，成祖遣郑和率船队同行。明朝船队及其分遣队造访了忽鲁谟斯、阿丹、祖法儿、剌撒、不剌哇、木骨都束、古里、柯枝、加异勒、锡兰山、榜葛剌、溜山、南巫里、苏门答腊、阿鲁、满剌加、甘巴里等许多国家。[1] 次年夏郑和等回到中国。宣德五年（1430 年），郑和奉诏第七次出洋，历诸国后到达忽鲁谟斯。宣德八年（1433 年）二月，船队从忽鲁谟斯启航，三月到古里。郑和逝于此，船队回到中国。

郑和是大航海时代以前亚洲历史上最伟大的航海家。明朝船队尽管力量强大，但远航的目的并非征服他国领土，与数十年后东来的西方殖民者判然有别，充分说明在中国主导亚洲秩序的时代，和平交往是其主旨。

---

1 阿丹：今也门民主共和国首都亚丁；祖法儿：今阿曼佐法尔省首府萨拉莱；剌撒：今阿拉伯也门共和国濒临红海之伊萨角；不剌哇：今索马里之巴拉韦；木骨都束：今索马里首都摩加迪沙；柯枝：今印度南端西海岸之科钦；加异勒：今印度南端科摩林角东北之卡亚勒；南巫里：今印尼苏门答腊岛西北亚齐河下游哥打拉夜一带；阿鲁：今苏门答腊岛东岸巴鲁蒙河口一带；甘巴里：今印度泰米尔纳德邦西部之科因巴托尔。

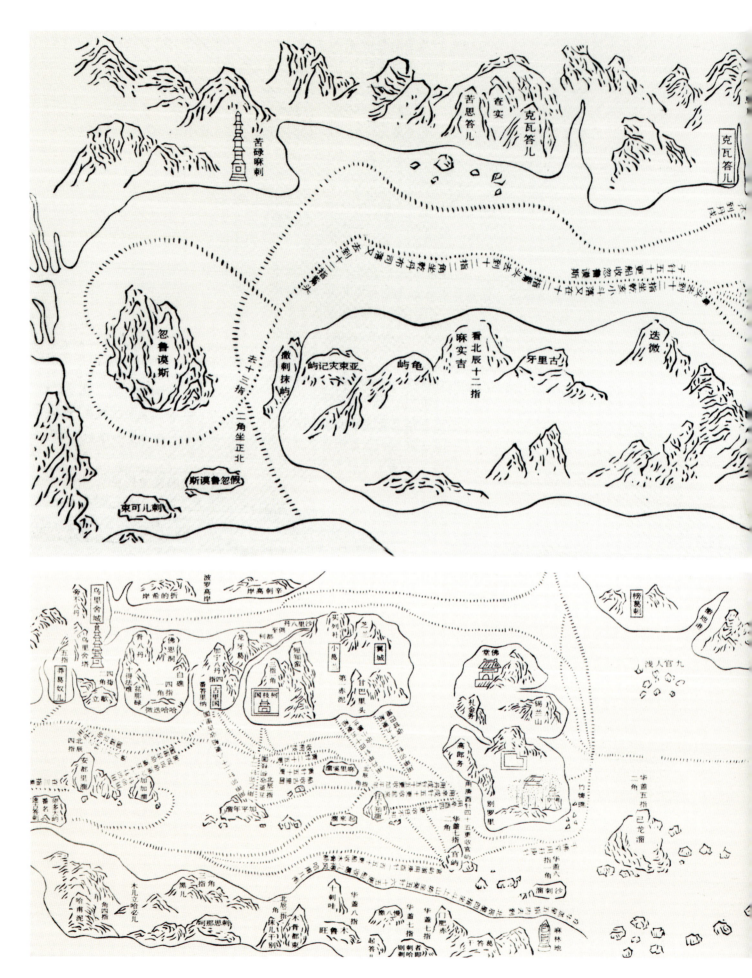

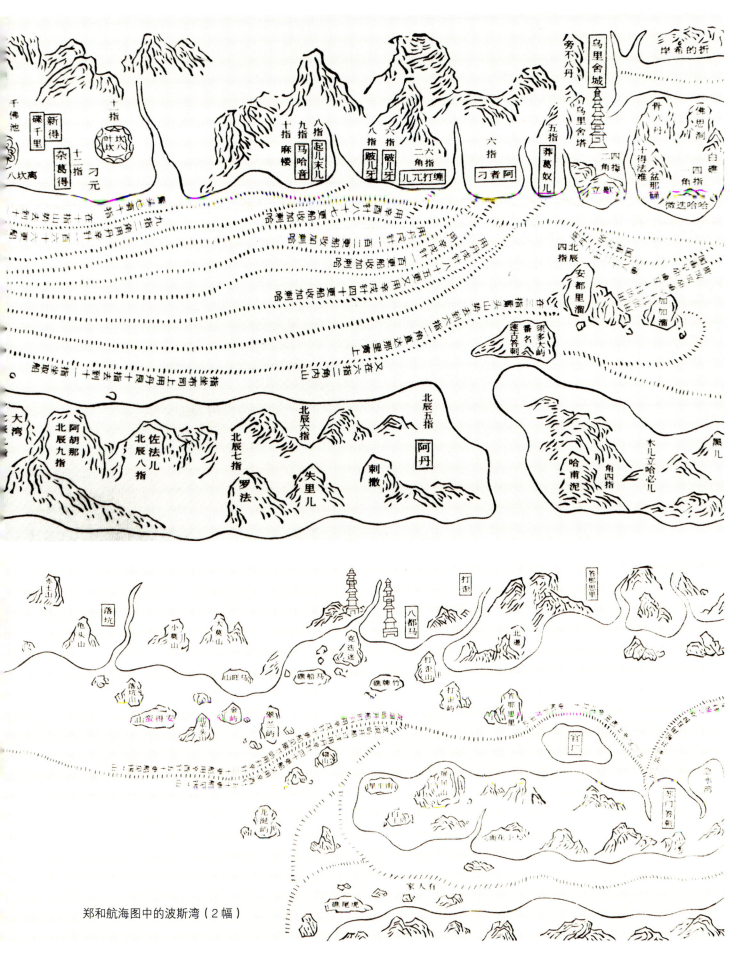

郑和航海图中的波斯湾（2幅）

结　语

　　中国在古代世界上堪称文明之邦，曾经在相当长的时间内，是世界文明开化、富庶繁荣、国力强大、有着举足轻重作用的大国。在从汉代到清初长达近 2000 年的时期内，中国在世界上扮演着主要的文明输出国的角色。但我们切不可因之认为，中国文化在历史上只有输出，没有输入，文化交往与物质交往一样从来都不是单向的，而是双向的或多向的。

　　历史上，中国虽然远离世界的其他文明中心，如尼罗河、两河流域与印度，但那里的人民不但通过种种间接、曲折的渠道，千方百计地希望了解神秘的中国，而且早就克服种种艰难险阻前往东方。古代中国高度发达的农业与手工业，与巨量的人口结合在一起，形成罕见的大规模人口－经济复合体，能向各国人民提供高质量的产品。古代中国人民不但对世界各民族的创造与成就秉持开放的态度，也有能力消化吸纳其他民族的适销产品。我国古代指南针、火药、造纸与印刷术的西传，丝绸与陶瓷的大量输出，是中国人民对世界贡献的最好写照。唐以前，广州长期扮演着中国海外贸易中心的角色，唐朝宰相贾耽的《皇华四达记》中的"广州通海夷道"，描述了从广州通往红海与波斯湾的航线。唐以后，福建泉州的重要性日益上升，成为宋元时代中国最重要的对外交往口岸。15 世纪以后，西欧成为世界海洋活动的主角，中国的贸易对象也从原有的旧大陆扩展到南北美洲、澳洲，成为世界商业网络的一部分。明中期葡萄牙人获准定居澳门以后，广州重新成为世界进入中国的门户，大量的丝绸、茶叶、陶瓷和各种手工业品从这里运销至各大陆，而输入的舶货除了来自亚非各地之外，还有来自遥远的欧洲与美洲者。从清初开始，各国商人在广州设立洋行，号称"十三行"，专营中外贸易。

　　中国人民也是丝绸之路的受益者。以中印文化交流为例，佛教的传入不但丰富了中国的文化与中国人民的精神生活，也使古代中国人通过印度的中介了解到新的地理知识与希腊、罗马的天文学，梵文的研习使中国文人有机会以新的眼光审视中国的语言与汉字，发现汉语是有声调的语言，创造出"反切"系统。这些都是中外人民之间长期存在互相学习，友好往来的见证。20世纪末以来，世界各国都在谈论全球化，其实，丝绸之路才是全球化的开端。

当代，随着改革开放，中国的历史发展进入了一个全新的时代。中国可以说用 30 ~ 40 年的时间，走完了发达国家 100 多年的发展历程。随着 13 亿中国人民生活水平的提高，对他国商品的购买力日益增长。同时，中国作为全球制造业规模最大的国家，由于其庞大的生产力，其所需要的原材料、初级产品的数额与海外市场也是极为庞大的。换而言之，今日中国不但是世界市场上的大买家，其对世界的依存度也在持续增长。随着中国经济实力迅速增长，中国在全球贸易中将占据越来越重要的位置，中国的文化和价值观念也会对他国人民产生越来越大的影响。新时代的中外交往是历史上中外交流的继续。丝绸之路不仅是东西方友好交往的历史见证，也将是今后世界各国人民交流的通途。这条友好交往之路在历史上曾经造福于各国人民，我们相信它在将来必定会变得更为宽广通达。

主要参考文献

中文 [1]

宝力格 . 话说草原 [M]. 呼和浩特：内蒙古大学出版社，2012.

曹婉如，郑锡煌，黄盛璋，等 . 中国古代地图集：明代 [M]. 北京：文物出版社，1994.

曹文斌，陈升磊 . 中国汉传佛教素食传统形成 [J]. 中国宗教，2010（7）：47.

岑云飞 . 吐鲁番博物馆 [M]. 乌鲁木齐：新疆美术摄影出版社，1992.

陈得芝 . 元称海城今地考 [J]. 元史及北方民族史研究集刊 . 南京：南京大学，1980（4）.

陈得芝 . 元岭北行省建置考（上）[J]. 元史及北方民族史研究集刊 . 南京：南京大学，1985（9）.

陈佳荣，谢方，陆峻岭 . 古代南海地名汇释 [M]. 北京：中华书局，1986.

陈桱 . 通鉴续编 [M]. 元刻本 .

陈燮君，陈克伦 . 幽蓝神采：元代青花瓷器特集 [M]. 上海：上海书画出版社，2012.

陈育宁，汤晓芳 . 中国回族文物 [M]. 银川：宁夏人民出版社，2008.

陈垣 . 陈垣学术论文集 [M]. 北京：中华书局，1980.

戴德 . 大戴礼记 [M]. 四部丛刊景明嘉靖十二年袁氏嘉趣堂刻本 . 上海：上海商务印书馆，1919.

戴圣 .《礼记》疏 [M]. 郑玄注，孔颖达疏 . 重刊宋本十三经注疏本 . 南昌：南

---

1 中文参考文献表采用著者 – 出版年制组织，按照著者姓氏汉语拼音字顺和出版年排列。

昌府学，1815（清嘉庆二十年）.

戴圣 . 礼记注疏：《文渊阁四库全书》经部 109 礼类，册 115[M]. 郑玄注，孔颖达疏，陆德明音义 . 台北：台湾商务印书馆，1986.

党金 . 中国新疆·巴音郭楞 [M]. 乌鲁木齐：新疆人民出版社，1989.

道森 . 出使蒙古记 [M]. 吕浦，译 . 周良霄，注 . 北京：中国社会科学出版社，1983：224-227.

鄂多立克 . 鄂多立克东游录 [M]. 何高济，译 . 北京：中华书局，1981.

费琅 . 阿拉伯波斯突厥人东方文献辑注 [M]. 耿昇，穆根来，译 . 北京：中华书局，1989.

冯承钧 .《诸蕃志》校注 [M]. 北京：中华书局，1956.

福建博物院 . 丝路帆远——海上丝绸之路文物精萃 [M]. 福州：福建教育出版社，2013.

高至喜 . 论我国春秋战国的玻璃器及有关问题 [J]. 文物，1985（12）：54-65.

龚方震 . 西域宗教考 [J]. 中华文史论丛，1986（2）：259-273.

巩珍 . 西洋番国志 [M]. 向达，校注 . 北京：中华书局，1982.

顾实 . 穆天子传西征讲疏 [M]. 北京：中国书店，1990.

广东省博物馆 . 广东省古墓葬和古窑址调查发掘报告 [J]. 考古：1987, 3.

广东省文物管理委员会，广东省博物馆，广东省文物考古研究所，等 . 南海丝绸之路文物图集 [M]. 广州：广东科技出版社，1991.

广州市文物管理委员会，广州博物馆 . 广州汉墓·西汉前期墓葬·随葬器物 [M]. 北京：文物出版社，1981.

哈伍德 . 改变世界的 100 幅地图 [M]. 孙吉虹，译 . 北京：生活·读书·新知三联书店，2010.

海军海洋测绘研究所，大连海运学院航海史研究室 . 新编郑和航海图集 [M]. 北京：人民交通出版社， 1988.

海上丝绸之路研究中心 . 跨越海洋：中国"海上丝绸之路"八城市文化遗产精品联展 [M]. 宁波：宁波出版社， 2012.

韩康信 . 塞、乌孙、匈奴和突厥之种族人类学特征 [J]. 西域研究，1992(2):9-12.

韩振华 . 魏晋南北朝时期海上丝绸之路的航线研究——兼论横越泰南、马来半岛的路线 [M]// 中国与海上丝绸之路 . 福州：福建人民出版社，1991：235-245.

黄永年 . 古都话饼 [M]//《中国烹饪》编辑部 . 烹饪史话 . 北京 ：中国商业出版社，1986：108-109.

季羡林 . 中印文化关系史论文集 [M]. 北京：生活·读书·新知三联书店，1982.

鉴赏家编辑部 . 新疆文物考古成就特辑 [M]. 上海：上海译文出版社，1998.

拉施都丁 . 史集：第一卷第一册 [M]. 余大钧，周建奇，译 . 北京：商务印书馆，1985.

劳费尔 . 中国伊朗编：中国对古代伊朗文明史的贡献，着重于栽培植物及产品之历史 [M]. 林筠因，译 . 北京：商务印书馆，1964：223.

乐素娜 . 中国茶文化在东西交流中的影响——以英国茶文化为例 [J]. 茶叶，2011（2）：122.

李国荣，林伟峰 . 清代广州十三行纪略 [M]. 广州：广东人民出版社，2006.

李济 . 西阴村史前遗存：《清华学校研究院丛书》第三种 [M]. 北京：清华学校研究院，1927.

李时珍 . 本草纲目 [M]. 清光绪张氏味古斋重刻本 . 北京：中国中医药出版社，

1998.

林悟殊．摩尼教及其东渐 [M]．北京：中华书局，1987

刘迎胜．《回回馆杂字》与《回回馆译语》研究 [M]．北京：中国人民大学出版社，2008.

鲁科金．论中国与阿尔泰部落的古代关系 [J]．考古学报，1957（2）：37-48.

罗世平，齐东方．波斯和伊斯兰美术 [M]．北京：中国人民大学出版社，2004.

马欢．瀛涯胜览 [M]．冯承钧，校注．北京：商务印书馆，1935：61.

马欢．明钞本《瀛涯胜览》校注 [M]．万明，校注．北京：海洋出版社，2005：54.

麦英豪．汉代番禺的水上交通与考古发现 [M]// 陈柏坚．广州外贸两千年．广州：广州文化出版社，1989.

毛君炎．萨法维王朝时斯波斯细密画 [D]．北京：中央美术学院，1987：30.

孟诜．食疗本草 [M]// 范凤源，李启贤．敦煌石室古本草．台北：新文丰出版公司，1977：146.

莫尔顿．杭州凤凰寺藏阿拉伯、波斯文碑铭释读译注 [M]．周思成，校注、中译．北京：中华书局，2015.

穆宏燕．中国宫廷画院体制对伊斯兰强国富民画艺术发展的影响 [J]．回族研究，2015（1）：39-62.

穆舜英．中国新疆·古代艺术 [M]．乌鲁木齐：新疆美术摄影出版社，1994.

蒲道源．顺斋闲居丛稿：卷十六 [M]．刻本．1350（元至正十年）.

三上次男．陶瓷之路 [M]．李锡经，高喜美，译．北京：文物出版社，1984.

沈福伟．中西文化交流史 [M]．上海：上海人民出版社，1985：208.

石润宏．菠菜入华考 [J]．阅江学刊，2014，1：139-148.

舒迎澜. 黄瓜和西瓜引种栽培史 [J]. 古今农业，1997（2）：38-39.

宋濂，等. 元史 [M]. 中华书局点校本. 北京：中华书局，1976.

宋诩. 北京图书馆珍本丛刊第 61 辑：居家必用事类全集 [M]. 明刻本. 北京：北京图书馆，[1998].

孙明明. 西亚绘画中的中国印迹 [J]. 艺术探索，2011（5）：139-140.

陶德臣. 英属印度茶业经济的崛起及其影响 [J]. 安徽史学，2007（3）：5-12.

陶德臣. 中国茶向世界传播的途径与方式 [J]. 古今农业，2014（4）:48-50.

陶谷. 清异录 [M]. 民国景明宝颜堂秘籍本. 上海：文明书局，1922.

陶宗仪. 南村辍耕录：卷七 [M]. 中华书局点校本. 北京：中华书局，1980：84.

田汝成. 西湖游览志 [M]. 上海：上海古籍出版社，1998.

佟屏亚. 农作物史话 [M]. 北京：中国青年出版社，1979.

同恕. 榘庵集 [M]. 文渊阁四库全书本. 北京：商务印书馆，2005.

脱因，俞希鲁. 至顺镇江志 [M]// 中华书局编辑部. 宋元方志丛刊：第三册. 北京：中华书局，1990.

汪大渊.《岛夷志略》校释 [M]. 苏继顷，校释. 北京：中华书局，1981：270.

王炳华. 新疆古尸：古代新疆居民及其文化 [M]. 乌鲁木齐：新疆人民出版社，2001.

王冠倬. 中国古船图谱 [M]. 北京：生活・读书・新知三联书店，2000.

王国维. 海宁王静安先生遗书：王延德使高昌记校注 [M]. 北京：商务印书馆，1940.

王国维. 蒙古史料四种：《长春真人西游记》校注 [M]. 台北：正中书局，1962.

王溥. 唐会要 [M]. 北京：中华书局，1955.

王钦若，杨亿，孙奭，等 . 册府元龟 [M]. 北京：中华书局，1960：11400.

王世懋 . 学圃杂疏：四库全书存目丛书第 81 册 [M]. 济南：齐鲁书社，1995：647.

王素 . 魏晋南朝火祆教钩沉 [J]. 中华文史论丛，1985（2）：225-233.

王秀华 . 东方的优雅——论中国绘画对波斯细密画的影响 [J]. 美术史研究，2010，2：78.

王恽 . 秋涧集 [M]. 四部丛刊景明弘治十一年马龍、金舜臣刻本 . 上海：上海商务印书馆，1935.

王子辉 . 胡麻饼小考 [M]//《中国烹饪》编辑部 . 烹饪史话 . 北京：中国商业出版社，1986: 471-472.

王子辉 . 唐代长安的"胡姬酒肆" [M]//《中国烹饪》编辑部 . 烹饪史话 . 北京：中国商业出版社，1986: 105-107.

威廉·乌克斯 . 茶叶全书 [M]. 北京：东方出版社，2011.

吴晓玲 . 浅议中国绘画艺术对伊朗细密画的影响 [J]. 兰州交通大学学报，2006年（2）：47.

希提 . 阿拉伯通史 [M]. 马坚，译 . 北京：商务印书馆，1979：756.

席龙飞 . 中国造船史 [M]. 武汉：湖北教育出版社，2000.

夏鼐 . 综述中国出土的波斯萨珊朝银币 [J]. 考古学报，1974（1）：91-110.

夏鼐 . 两种文字合璧的泉州也里可温（景教）墓碑 [J]. 文物，1981（1）：59-62.

新疆钱币图册编辑委员会 . 新疆钱币 [M]. 乌鲁木齐：新疆美术摄影出版社，1991.

新疆维吾尔自治区博物馆出土文物展览工作组 . 丝绸之路汉唐织物 [M]. 北京：

文物出版社，1972.

徐应秋.玉芝堂谈荟[M].文渊阁四库全书本.北京：商务印书馆，2005.

玄奘，辩机.大唐西域记校注[M].季羡林，等，校注.北京：中华书局，1985：1021-1023.

杨新华.文莱——热带王国皇冠上的明珠[M].南京：南京出版社，2005.

耶律楚材.湛然居士文集[M].谢方，点校.北京：中华书局，1986.

义净.大唐西域求法高僧传[M].王邦维，校注.北京：中华书局，1988：152-153.

尤飞君，袁晓春，尤泽峰.行舟致远：扬帆海上丝绸之路[M].烟台：黄海数字出版社，2015.

尤飞君.中国古船图鉴[M].宁波：宁波出版社，2008.

元好问.遗山先生文集[M].四部丛刊初编本.上海：上海商务印书馆，1919.

袁行霈，严文明，张传玺，等.中华文明史[M].北京：北京大学出版社，2006.

曾维华."黄瓜"始名考[J].上海师范大学学报，2000（4）：123-134.

翟乾祥.华北平原引种番薯和马铃薯的历史[M]//《中国古代农业科技》编辑组.中国古代农业科技.北京：农业出版社，1980：237-248.

张德纯.蔬菜史话·菠菜[J].中国蔬菜，2009（23）：15.

张海峰.中国新疆·昌吉[M].乌鲁木齐：新疆人民出版社，[1989].

张世英.中国新疆·吐鲁番[M].乌鲁木齐：新疆人民出版社，1989.

张维持，胡晓曼.从出土陶瓷看古代中菲关系[J].学术研究，1985（1）：75-80.

张仲葛，朱先煌.中国畜牧史料集[M].北京：科学出版社，1986.

真人元开 . 唐大和上东征传 [M]. 汪向荣，校注 . 北京：中华书局，1979：74.

中国航海学会, 交通运输部水运科学研究院 . 二十一世纪海上丝绸之路展览 [M]. 北京：2014 年中国航海日活动日照组委会，2014.

中国新疆·喀什噶尔画册编辑委员会 . 中国新疆·喀什噶尔 [M]. 乌鲁木齐：新疆人民出版社，1989.

周达观 . 真腊风土记 [M]// 夏鼐 . 真腊风土记校注 . 北京：中华书局，1981：76.

周菁葆 . 丝绸之路的音乐文化 [M]. 乌鲁木齐：新疆人民出版社，1987：153－164，169－170.

周菁葆 . 伊斯兰细密画中的中亚画派 [J]. 新疆艺术学院学报，2007（5）：1-3.

周纬 . 亚洲古兵器图说 [M]. 北京：中国友谊出版公司，2009.

朱新予 . 中国丝绸史 [M]. 北京：纺织工业出版社，1992.

日文 [1]

本田實信.《回回館譯語》に就いて [J]. 北海道大學文學部紀要，1963（11）.

杉山正明，弓場紀知，宮紀子，等. 文明の道（5）モンゴル帝国 [M]. 東京：日本放送協會，2004.

上田秀夫，氣賀澤保規，杉本憲司，等. 東アジアの海とシルケロード ﹅处点福建——沈没船、貿易都市、陶瓷器、茶文化 [M]. 名古屋： 爱知县陶瓷资料馆，2008.

樋口隆康. シンポジワム・シルケロード，海のシルケロードを求めて [M]. 东京：三菱広報委員會，1989（平成元年）.

小松茂美，源豊宗，荻野三七彦. 日本絵卷大成 14：蒙古襲來絵詞 [M]. 東京：中央公論社，1978（昭和五十三年）.

小野浩，杉山正明，宮紀子. ユ－ラシア中央域の歷史構図 [M]. 窪田順平，編. 京都：總合地球環境學研究所，2010.

辛岛昇. 13—14 世纪南印度与中国的贸易关系 M]// 日本東西海上交流史研究會，中近東文化サンタ－. 東西海上交流史研究. 1989：61.

---

1 日文参考文献表采用著者－出版年制组织，按著者姓氏首字排序，日文汉字按照汉语读音排序。

西文 [1]

И. Азимов, *Decorative Panting of Uzbekistan*, Исталиство литературы и искусства имени Гафура Гуляма, Ташкент, 1987.

Senake Bandaranayake, Lorna Devaraja, Roland Silva, K.D.G. Wimalaratne, *Sri Lanka and the Silk Road of the Sea*, The Sri Lanka National Commission for UNESCO and the Central Cultural Fund, Colombo, 1990.

Cœdès, George: *Textes d'autres grecs et latins relatifs à l'Extrême-Orient depuis le IVe siècles av. J-C. jusqu'au XIVe siècles*, Paris, 1910.

B. Davidson, *Old Africa Rediscovered*, London, 1960.

G.S. Freeman Grenville, *The Medieval History of the Coast of Tanganika*, Berlin, 1962.

Georgina Herrmann, *Monuments of Merv: Traditional Buildings of the Krakum*, The Society of Antiquaries, London, 1999.

Anna A Ierusalimskaja und Birgirt Borkopp, *Von China nach Byzanz: Frühmittelalterliche Seiden aus der Staatlichen Ermitage Sankt Petersburg*, Herausgegeben von Bayerischen Nationalmuseum und der Staatlichen Ermitage, Munchen, 1996.

Karl Jahn, unter sinologischem Beistand von Herbert Franke, *Die*

---

1 西文参考文献表以著者姓氏首字母为序（拉丁字母与西里尔字母混排）。著者不明时，按书名首字母排序，冠词不计在内。

Chinageschichte des Rašīd ad-Dīn, Hermann Böhlsus Nachf. Wien-Köln-Graz Kommissionverlag, Wien, 1971.

Jung Soo-Il（郑守一）, *Silk Road, 2 vols, Land Road, The Sea Route*,The Korea Institute of Civilization Exchanges, Gyeongsangbukdocheong, Yeonam-ro 40, Buggu, Daegu, Korea, 2013.

Kirghiz Souvenirs, Novoexport, CCCR,Moscow.

В. Максимов, Е. Сорокин, *The Kirghiz Patern*, Фуронзе, Кыргызстан, 1986.

Sabatino Moscati, *The Heart of the Mediterranean: another view of the history*, Soliart, Milan, 1982.

А.С. Осташев, *Soviet Kirghizstan*, Кыргызстан басмасы, 1983.

Pictures of Oman, National Publishing & Advertising LLC, Sultanate of Oman.

А. Ф. Расулов. *Leninabad is 2500 Лет*, Душанбе, Ирфон, 1986.

Struan Reid, *The Silk and Spice, Inventions and trade*, Belitha Press, London, UNESCO Publishing, 1994.

Seit Kenzheakhmetuly, *National Kitchen of Kazakhs*, Almaty LTD "Almaykitap", 2005.

俄文 [1]

Р. Бабаев, К.Чолиев, *Туркменистан 60*, Исталиство Туркменистан, 1984.

П.А. Гончарова, *Золотошвей искусствао Бухары*, Исталиство литературы и искусства имени Гафура Гуляма , Ташкент, 1986.

Киргизия,*Киргизская Советская Республика*, Москва , Исталтельство Планета, 1985 г.

Галина Пугаченкова, *Шедевры Средней Азии*, Исталиство литературы и искусства имени Гафура Гуляма, Ташкент, 1986.

И. В. Савицкий, В. А. Панжинская, *Государственный музей искуств Каракалпакской АССР*, Совеский художник, Москва, 1976.

Туркмения: *Туркменская Советская Республика*, Москва , Исталтельство Планета, 1987 г.

---

1 俄文参考文献表按著者姓氏首字母顺序排列。